Pascal

do koła świata

GRAN CANARIA

K. Wanat

Spis treści

Tytuł serii: Dookoła Świata
Tytuł oryginalny: Gran Canaria
Oryginalny tytuł serii: Spiral Guide

Autor: Tony Kelly

Tłumaczenie: Arkadiusz Belczyk

Redakcja: Ewa Kosiba

Korekta: Dorota Dąbrowska

Skład: Ireneusz Kożdoń

Redakcja techniczna serii: Wioletta Majcherczyk

Koordynacja projektu: Agnieszka Marekwica

Redakcja serii: Joanna Zaborowska

Colour separation by Leo Reprographics
Printed and bound in China by Leo Paper Products

Onet.pl SA, Oddział Wydawnictwo Pascal
43-300 Bielsko-Biała, ul. Kazimierza Wielkiego 26
tel. 33/8282828, fax 33/8282829
pascal@pascal.pl
www.pascal.pl

Bielsko-Biała, 2005

ISBN 83-7304-464-7

A02202

kalejdoskop

PRZYBYLI, ZOBACZYLI, PODBILI

Ze względu na strategiczne położenie pomiędzy Europą, Afryką i Ameryką, Gran Canaria miała udział w kilku ważnych wydarzeniach historycznych, w których uczestniczyli najwięksi awanturnicy w dziejach Europy.

Krzysztof Kolumb (1451–1506)

Krzysztof Kolumb, Hiszpanom znany jako Cristobal Colón, urodził się we Włoszech, ale to hiszpańscy monarchowie, Ferdynand i Izabela, sfinansowali jego wyprawę w 1492 r. w poszukiwaniu drogi morskiej do Indii.

Wypłynąwszy z Hiszpanii, karawela „Santa Maria" zawinęła na Wyspy Kanaryjskie, wówczas najdalej wysuniętą na zachód część znanego świata. Z dziennika Kolumba wiadomo, że wyprawa zatrzymała się w Las Palmas, by dokonać niezbędnych napraw. Zdaniem niektórych historyków słynny genueńczyk nigdy nie postawił stopy na Gran Canarii, bardziej bowiem interesowała go Gomera, gdzie miał romans z hrabiną Beatriz de Bobadilla.

Ze swej pierwszej wyprawy do Nowego Świata Kolumb powrócił

Pomnik Krzysztofa Kolumba w Alameda de Colón w Las Palmas

Sir Francis Drake (ok. 1540–1596)

Podbój Gran Canarii nie powiódł się sławnemu brytyjskiemu żeglarzowi i korsarzowi, sir Francisowi Drake'owi, który w 1595 r. próbował bezskutecznie zdobyć Las Palmas. Po rozgromieniu hiszpańskiej Wielkiej Armady w 1588 r. Drake nadal łupił hiszpańskie statki wożące z Nowego Świata tytoń, cukier, przyprawy i niewolników, na czym dorobił się fortuny. Po niepowodzeniu w Las Palmas pożeglował na Karaiby, gdzie zmarł na dyzenterię i został pochowany w morzu. Pokonanie Drake'a upamiętnia coroczny festyn na półwyspie La Isleta (6 X).

triumfalnie jako odkrywca Kuby i Hispanioli (Haiti). Bardzo możliwe, że podczas drugiej i trzeciej ekspedycji do Ameryki (1498–1504) również zawinął do Las Palmas, gdzie mieszkał w obecnym Casa de Colón (► 63).

Francisco Franco (1892–1975)

Przewrót wojskowy, który zapoczątkował hiszpańską wojnę domową (1936–1939), a później wieloletnią dyktaturę, miał korzenie na Wyspach Kanaryjskich. Po sukcesie wyborczym w 1936 r. rząd Frontu Ludowego chcąc zneutralizować prawicowych generałów, zesłał ich do najdalszego zakątka kraju. W ten sposób m.in. generał Franco trafił na Teneryfę, gdzie zawiązał spisek przeciwko legalnym władzom. Wkrótce w tajemniczych okolicznościach zginął dowódca garnizonu w Las Palmas. Franco przybył z Teneryfy na jego pogrzeb, po czym brytyjskim samolotem, wyczarterowanym oficjalnie przez grupę wczasowiczów, wyleciał z Gando, jedynego lotniska na Wyspach Kanaryjskich, by stanąć na czele elitarnych oddziałów w Melilli, hiszpańskiej enklawie na północnym wybrzeżu Maroka. Ostatnią noc w Las Palmas spędził w hotelu *Madrid*, a zamach stanu ogłosił ze swego sztabu w Parque San Telmo (► 67). Reszta, jak powiadają, jest historią.

Generał Franco rządził Hiszpanią przez 36 lat

16 grudnia 1965 r. ponad tysiąc gości przybyło z Las Palmas na uroczyste otwarcie pierwszego hotelu na południowym wybrzeżu. Hotel *Folias* w San Agustín miał 80 pokoi, a dwójka kosztowała w nim zaledwie 500 peset.

Wszystko zaczęło się na Playa de las Canteras

Rajska

Turyści odwiedzali Gran Canarię już od ponad stu lat, a tacy podróżnicy jak Brytyjczyk A. Samler Brown wychwalali walory zdrowotne wyspy, na której przez cały rok panuje wiosenny klimat. Mimo to aż do lat 60. XX w. jedynym kurortem była Playa de las Canteras w Las Palmas (► 70), a na miejscu dzisiejszego Maspalomas rozciągała się pustynia. Nikomu się nie śniło, że w przeciągu dwóch dekad powstanie tu gigantyczny kompleks wczasowy przyjmujący ok. 3 mln gości rocznie.

Od czasu podboju przez Hiszpanów w 1478 r. mieszkańcy Gran Canarii utrzymywali się zwykle z uprawy jakiejś jednej rośliny i produkcji kolejno cukru, wina, koszenili (naturalny barwnik wytwarzany przez owady ży-

Poniżej i po prawej: Coraz większą popularnością wśród turystów cieszą się piesze wędrówki po wyspie

Statystyka

- W 2003 r. Gran Canarię odwiedziło 2,8 mln turystów z zagranicy oraz 400 tys. Hiszpanów. Najczęściej przyjeżdżają tu Niemcy i Brytyjczycy (prawie milion gości z każdego kraju).
- Na wyspie przygotowano ok. 40 tys. łóżek hotelowych, z czego 26 tys. w rejonie Maspalomas–Playa del Inglés–San Agustín–Puerto Rico, 7,5 tys. w Mogán i 6 tys. w Las Palmas.
- 102 tys. miejsc noclegowych oferują apartamenty, w tym 75 tys. w rejonie Maspalomas–Playa del Inglés–San Agustín–Puerto Rico i 24 tys. w Mogán.

wyspa?

jące na opuncjach) oraz bananów. Obecnie niemal 80% produktu krajowego brutto dostarcza turystyka. Wyspa jest od niej całkowicie uzależniona i coraz częściej pojawiają się pytania o wpływ tak ogromnej liczby turystów na środowisko naturalne.

Pierwszy samolot czarterowy przyleciał tu z Düsseldorfu w 1956 r., kiedy rząd Franco zaczął intensywnie

Dla zdrowia

„Panuje tu doskonały klimat dla cierpiących na reumatyzm, neuralgię, podagrę, skrofulozę, choroby weneryczne i inne przypadłości. (...) Jeśli tylko siły pozwalają, należy często podejmować wycieczki na wzgórza bądź w góry, jako że zmiana powietrza (...) jest wielce wskazana. Każdy hotel zapewnia kosz z suchym prowiantem".

A. Samler Brown, *Madera, Wyspy Kanaryjskie i Azory: Praktyczny i kompletny przewodnik dla turystów i inwalidów* (1889)

reklamować wybrzeża Hiszpanii jako atrakcyjne miejsce na wakacje. Najpierw wylansowano Majorkę i Costa Brava, wkrótce jednak dołączyły do nich Wyspy Kanaryjskie.

„Urbanizację" Gran Canarii rozpoczął Alejandro del Castillo, Conde de la Vega Grande, który szybko dostrzegł wielki potencjał swych rozległych posiadłości na południu wyspy. Do 1974 r., kiedy otwarto port lotniczy Gando, na wydmach Maspalomas zdążyła wyrosnąć Playa del Inglés (► 129), a Gran Canarię odwiedzało już niemal milion turystów rocznie, kuszonych obietnicą złotego piasku i gwarantowanej pięknej pogody. Wyspa szybko zdobyła uznanie jako wspaniałe miejsce na niedrogie i udane wczasy.

Jednocześnie pojawiły się problemy wywołane masowym napływem turystów, a pięknym krajobrazom zaczęły zagrażać zanieczysz-

Wiejskie domy, takie jak ten w Aguïmes, można dziś wynajmować na wakacje...

... ale większość gości woli apartamenty nad morzem

czenia i nadmierne zagospodarowywanie ziemi. Wsie w głębi wyspy wyludniały się, ponieważ młodsi mieszkańcy w poszukiwaniu pracy przenosili się na wybrzeże.

W ostatnich latach XX w. rozgorzała poważna debata nad przyszłością turystyki na Gran Canarii. W efekcie dziś stawia się tu przede wszystkim na turystów zainteresowanych nie tylko słońcem, morzem i piaskiem, ale także kulturą i historią wyspy.

Dzięki unijnym dotacjom realizowane są takie projekty, jak renowacja jaskiń mieszkalnych czy odbudowa *caminos reales* (królewskie ścieżki). Najmłodsze kurorty oferują gościom ośrodki konferencyjne, pola golfowe, przystanie jachtów i luksusowe hotele. W trosce o środowisko naturalne powstały instalacje do odsalania wody morskiej oraz oczyszczania wody zużywanej na polach golfowych i w hotelach.

Największym wyzwaniem XXI w. jest dalszy rozwój turystyki przy jednoczesnym zachowaniu delikatnej równowagi ekologicznej oraz kultury tej niewielkiej wyspy.

Po lewej i poniżej: Dzięki unijnym dotacjom ożywają górskie rejony

Veneguera

Spory, jakie rozgorzały w latach 90. ubiegłego wieku wokół ustronnej plaży Veneguera (► 143) symbolizują niekończącą się batalię między inwestorami a ekologami. Plaża została ostatecznie sprzedana przedsiębiorcom budowlanym, ale pozostaje najdalej na zachód wysuniętym przyczółkiem przemysłu turystycznego na południowym wybrzeżu.

Gran Canaria w roku 2010?

- Około 3,8 mln turystów rocznie.
- Nowe kurorty: Tauro, Playa de los Amadores i Veneguera.
- Autostrada GC1 przedłużona do Puerto de Mogán.
- Drugi pas na lotnisku Gando; być może także nowe lotnisko na zachodnim wybrzeżu.

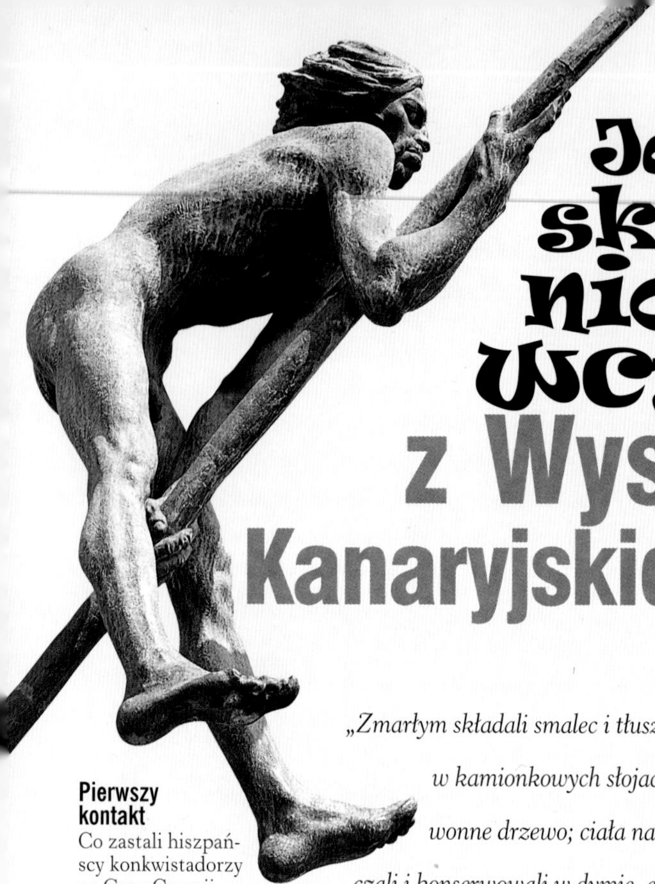

Jaskiniowcy z Wysp Kanaryjskich

„Zmarłym składali smalec i tłuszcz w kamionkowych słojach oraz wonne drzewo; ciała namaszczali i konserwowali w dymie, a potem kładli do spalonego piasku. (...) Po 15–20 dniach umieszczali ich w jaskiniach, jeśli byli szlachetnie urodzeni; innych grzebali w jamach na nieużytkach lub pośród skał wulkanicznych, przykrywając zwłoki stertą kamieni".

Gómez Escudero
hiszpański kronikarz (1494)

Pierwszy kontakt

Co zastali hiszpańscy konkwistadorzy na Gran Canarii, kiedy wylądowali tu w XV w.? Ludzi, którzy nigdy nie widzieli koła, nie znali metalu i nie potrafili żeglować, mimo że ich przodkowie najprawdopodobniej przypłynęli na wyspę łodziami z Afryki. Ludzi, którzy żyli w zgodzie z przyrodą i którym obce były wojny, odkrycia naukowe i prądy artystyczne w średniowiecznej Europie. Ludzi, którzy jak w epoce kamiennej mieszkali w jaskiniach, a zarazem stworzyli zaawansowaną kulturowo i doskonale zorganizowaną zbiorowość, jakiej mogłoby pozazdrościć im niejedno dzisiejsze „cywilizowane" społeczeństwo.

Do pokonywania stromych zboczy Guanczom służyły tyczki

Życie Guanczów

Jak właściwie żyli ci nowożytni jaskiniowcy, których nazwano Guanczami? Z relacji pierwszych najeźdźców wiadomo, że byli wysocy i jasnowłosi – cechami tymi do dziś odznacza się wielu rdzennych Kanaryjczyków. Mieszkali albo w naturalnych jaskiniach, albo w sztucznych grotach wykutych w skale za pomocą prymitywnych kamiennych bądź kościanych narzędzi.

Uprawiali jęczmień i pszenicę, z prażonych ziaren zbóż otrzymywali mąkę zwaną *gofio*. Żywili się również dzikimi jagodami i figami, hodowali kozy, owce i świnie, które dawały im mięso, mleko i skóry, a także łowili sieciami ryby i mięczaki. Z liści palmowych wyplatali kosze, z gliny lepili proste naczynia barwione na czerwono ochrą, a z drewna rzeźbili talerze, kubki, ozdoby, broń, drzwi i trumny.

Dla rozrywki i aby rozstrzygać spory, urządzali pojedynki zapaśnicze (► 25) oraz walki na kije. Rannym potrafili za pomocą krzemiennych narzędzi trepanować czaszki i upuszczać krew, a z ostu wytwarzali środek przeczyszczający.

Cuatro Puertas koło Telde było dla Guanczów świętym miejscem

Społeczeństwo Guanczów

Guanczowie tworzyli typową społeczność feudalną o wyraźnym podziale na arystokrację i chłopów, których łatwo można było rozpoznać po wygolonych głowach.

Na Gran Canarii istniały dwa królestwa ze stolicami w Telde (► 95) i Gáldarze (► 98), rządzone przez królów zwanych *guanarteme*. Drugą osobą w hierachii był *faycán* (wicekról), pełniący rolę sędziego i najwyższego ka-

Poniżej: W Cenobio de Valerón przechowywano ziarno

Cuatro Puertas po hiszpańsku znaczy „czworo drzwi”

płana. Arystokracja zbierała się pod smoczym drzewem lub w domu spotkań (*tagaror*), by podejmować decyzje dotyczące całej społeczności.

Ziarno przechowywano we wspólnych spichlerzach, takich jak Cenobio de Valerón (► 90), a każdy obywatel płacił dziesięcinę, z której odkładano zapasy na wypadek suszy. Przestępstwa karano śmiercią przez powieszenie lub zrzucenie na głowę winowajcy wielkiego głazu. Przy drobniejszych wykroczeniach obowiązywała zasada „oko za oko".

Mimo braku kontaktów ze światem zewnętrznym wiele pomysłów i rozwiązań wypracowanych przez Guanczów można znaleźć w głównym nurcie europejskiej myśli demokratycznej.

Religia Guanczów

Najważniejszym bóstwem był Alcorán, Najwyższy Stwórca, utożsamiany ze słońcem, deszczem, górami i płodnością ziemi. Czczono też rozmaitych bożków, często przedstawianych pod postaciami kobiet – przykładem są posążki, którymi dziś może się pochwalić Museo Canario w Las Palmas (► 56).

W niektórych obrzędach religijnych uczestniczyły dziewice-westalki zwane *harima-*

W Museo Canario w Las Palmas można oglądać mumie

Współczesne jaskinie mieszkalne w Barranco de Guayadeque

guadas, które całe życie spędzały w czymś w rodzaju klasztoru. Inne młode kobiety wysyłano tam, by przytyły dzięki bogatej diecie, przygotowując się w ten sposób do małżeństwa i rodzenia dzieci (wierzono, że do tego niezbędne są szerokie biodra).

Najbardziej niezwykłym elementem życia duchowego Guanczów był zwyczaj mumifikowania zmarłych, w związku z czym niektórzy badacze snują hipotezy o ich staroegipskim rodowodzie. Jak w wielu innych kulturach, osoby zajmujące się mumifikacją zwłok były wykluczone ze społeczeństwa i żyły na uboczu.

Jaskiniowcy dzisiaj

W niektórych jaskiniach na Gran Canarii do dziś mieszkają nie tylko entuzjaści alternatywnego stylu życia, ale także Kanaryjczycy, którzy wolą je od zwykłych domów, ponieważ są chłodne latem i ciepłe w zimie. Pierwotni mieszkańcy zapewne nie poznaliby swych grot w wersji uwspółcześnionej, z telefonami i antenami satelitarnymi. Najciekawsze jaskinie mieszkalne można zobaczyć w Artenarze (► 108) i La Atalaya (► 83), na przedmieściach Telde (► 95) oraz w Barranco de Guayadeque (► 126).

Świat Guanczów

O codziennym życiu Guanczów można się dowiedzieć w Museo Canario w Las Palmas (► 56) i w Mundo Aborigen (► 140).

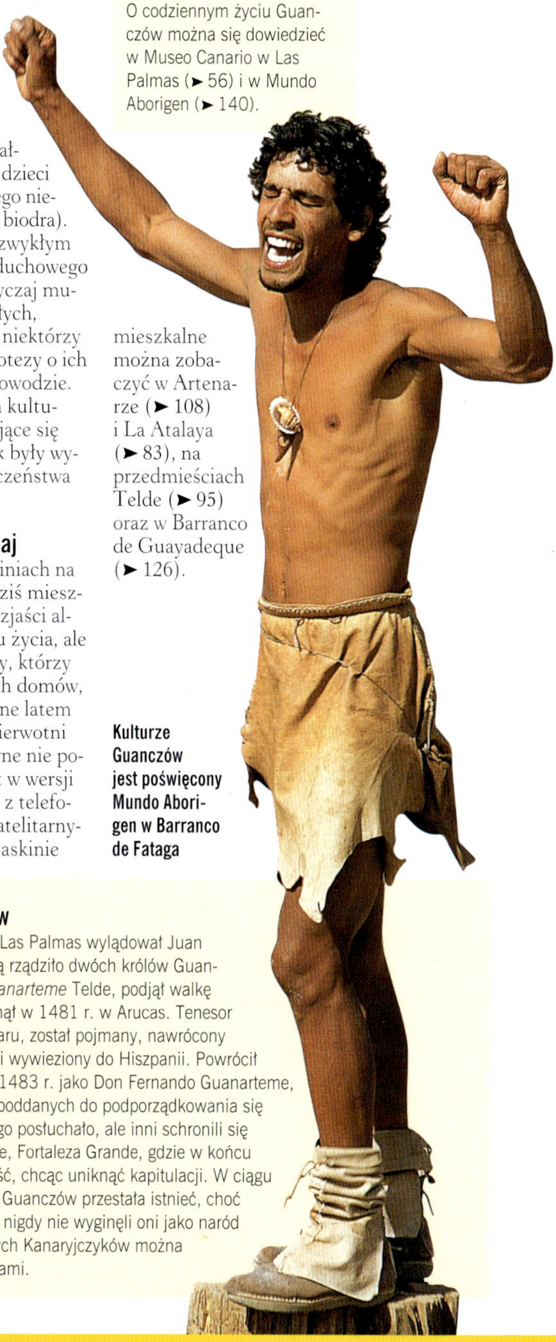

Kulturze Guanczów jest poświęcony Mundo Aborigen w Barranco de Fataga

Śmierć Guanczów

Kiedy w 1478 r. w Las Palmas wylądował Juan Rejón, Gran Canarią rządziło dwóch królów Guanczów. Doramas, *guanarteme* Telde, podjął walkę z najeźdźcami i zginął w 1481 r. w Arucas. Tenesor Samidan, król Gáldaru, został pojmany, nawrócony na chrześcijaństwo i wywieziony do Hiszpanii. Powrócił na Gran Canarię w 1483 r. jako Don Fernando Guanarteme, by nakłonić swych poddanych do podporządkowania się Hiszpanom. Wielu go posłuchało, ale inni schronili się w ostatnim bastionie, Fortaleza Grande, gdzie w końcu rzucili się w przepaść, chcąc uniknąć kapitulacji. W ciągu kilku lat cywilizacja Guanczów przestała istnieć, choć zdaniem niektórych nigdy nie wyginęli oni jako naród i wielu współczesnych Kanaryjczyków można nazwać ich potomkami.

Czy istnieje coś takiego jak autentyczna kuchnia kanaryjska? Oprócz typowych dań międzynarodowych, serwowanych w restauracjach w kurortach, portach rybackich i miejscowościach w głębi Gran Canarii, można też skosztować zupełnie innego jedzenia.

Nie tylko

Dania kanaryjskie to tradycyjne potrawy hiszpańskiej wsi, przywiezione przez imigrantów, nieco zmodyfikowane pod kątem składników i wzbogacone o elementy kuchni karaibskiej, np. paprykę. Powszechnie używa się ziół i przypraw, zwłaszcza czosnku, kminku, kolendry, szafranu, oregano i tymianku; inne ważne składniki to oliwa, ziemniaki i pomidory. W sałatkach i deserach, ale także jako niecodzienny dodatek do mięsa i ryb często pojawiają się banany, mango, papaje i awokado.

Mojo

Do wszystkich dań kanaryjskich podaje się tradycyjnie sos *mojo*. Można go kupić gotowy w słoiku, jednak większość kucharzy przyrządza *mojo* na własną rękę,

Puerto de Mogán to jeden z największych portów rybackich na wyspie

każdy nieco inaczej. Dwie podstawowe odmiany sosu to *mojo picón* (ostry czerwony) i *mojo verde* (zielony). Pierwszy z nich, przygotowywany z papryczek chili, czosnku, kminku, papryki i octu, serwuje się na zimno z mięsem z rusztu, *gofio*, chlebem i ziemniakami. W sosie zielonym, doskonałym dodatku do ryb, zamiast chili używa się świeżych listków kolendry.

***Paella*, przyrządzana z owoców morza i ryżu barwionego szafranem, przywędrowała z Hiszpanii**

banany

Gofio

Podstawowym produktem w kuchni Guanczów była mąka z mielonego prażonego jęczmienia, kukurydzy lub pszenicy, którą spożywa się na wyspie po dziś dzień. Kanaryjczycy dosypują ją do ciepłego mleka zamiast płatków śniadaniowych, lepią z niej kluski, dodają do zup i duszonego mięsa. Wymieszana z bananami albo winem i żółtkami doskonale nadaje się na placki, można ją też jeść po prostu ze świeżym serem i sosem *mojo*, a nawet mieszać z lodami. W restauracyjnych jadłospisach *gofio* pojawia się rzadko, ale w kanaryjskich domach jest tak pospolite, jak chleb w innych krajach. Warto spróbować tego miejscowego specjału przynajmniej raz.

Bienmesabe

Ten popularny deser przyrządza się z mielonych migdałów i żółtek z dodatkiem syropu cukrowego. Nazwa znaczy tyle co „bardzo mi smakuje". *Bienmesabe* ma konsystencję miodu i często podaje się je z pieczonymi

Specjały z Wysp Kanaryjskich

Conejo en salmorejo – królik marynowany w czosnku, pietruszce, oregano, tymianku i occie, potem ugotowany w winie i podawany w kamionkowym naczyniu z *papas arrugadas*.
Gofio escaldado – gęsta pasta z *gofio* wymieszanego z bulionem rybnym.
Papas arrugadas – ziemniaki w mundurkach ugotowane w mocno osolonej wodzie i spożywane z sosem *mojo*.
Potaje de berros – zupa z rukwi wodnej, serwowana często z ziemniakami, słodkimi patatami i bekonem.
Puchero canario – rodzaj zapiekanki mięsno-warzywnej, najczęściej z wołowiny, wieprzowiny, kurczaka, kiełbasy, ciecierzycy, słodkiej kukurydzy, marchwi, fasoli, pomidorów, cebuli i gruszek, podawanej z kluskami z *gofio*.
Rancho canario – duszone mięso z ziemniakami, ciecierzycą, pomidorami i kluskami.
Ropa vieja – ciecierzyca smażona z drobno pokrojonym mięsem i warzywami; danie wymyślone jako sposób na wykorzystanie resztek w kuchni.
Sancocho – najbardziej typowa potrawa kuchni kanaryjskiej; słony gulasz z ryb i ziemniaków, podawany z *papas arrugadas*, *gofio* i sosem *mojo*.

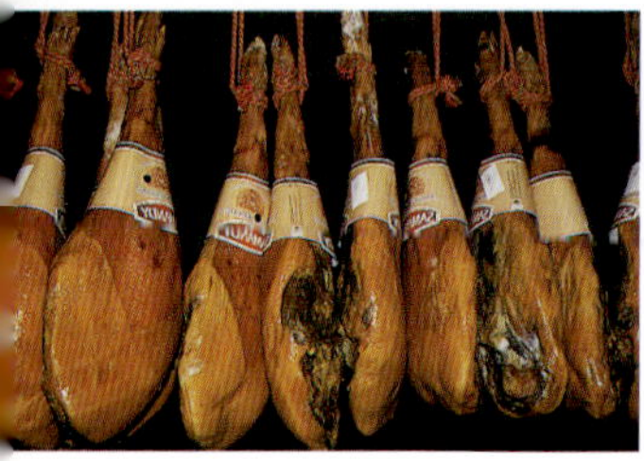

Wędzona szynka to popularna przekąska dostępna niemal w każdej knajpce

bananami albo polewa nim lody.

Sery
Na Wyspach Kanaryjskich ser (*queso*) je się na ogół jako przystawkę przed posiłkiem. Główne odmiany to *queso tierno* (miękki ser kozi), *queso curado* (dojrzały ser owczy lub kozi, taki jak Majorero z Fuerteventury) i *queso de flor*, produkowany na wyżynie Guía z mleka kwaszonego kwiatami ostu.

Ryby
Z Atlantyku w rejonie Wysp Kanaryjskich pochodzą takie ryby, jak *cherne* (odmiana granika), *sama* (leszcz) i *vieja* (papugoryba). Najpospolitsza jest ta pierwsza, najczęściej

pescado fresco i mojo

Z Wysp Kanaryjskich pochodzi kilka gatunków sera

zapiekana lub duszona, a następnie podawana z ziemniakami i kolendrą.

W portach rybackich, np. Arguineguín i Puerto de Mogán, zawsze można zamówić w restauracji „świeżą rybę” (*pescado fresco*). Pod tą celowo niejednoznaczną nazwą kryje się to, co akurat udało się złowić rybakom, upieczone na ruszcie z czosnkiem i ziołami. Palce lizać!

Świeże ryby można kupić w Mercado de Vegueta w Las Palmas

verde

Przepisy z Wysp Kanaryjskich

Papas arrugadas

Ziemniaki tradycyjnie gotowano w morskiej wodzie. Również dziś do wody sypie się dużą ilość soli, tak by na skórce pozostała jej warstwa.

Drobne ziemniaki trzeba opłukać, ale nie obierać. Ugotować na małym ogniu w małej ilości mocno osolonej wody. Odcedzić i ostrożnie wytrząsnąć ziemniaki, by wyschły, pomarszczone i pokryte solą. Podawać z *mojo picón*.

Mojo picón

Cztery świeże czerwone papryczki chili włożyć do gorącej wody na 20 minut, po czym utłuc w moździerzu, dodając pół łyżeczki mielonego kminku, główkę czosnku i szczyptę soli. Następnie dodać łyżkę stołową mielonej papryki i wszystko dokładnie rozgnieść. Dolać pół szklanki oliwy, wymieszać, a na koniec wlać szklankę octu winnego i odrobinę wody. Zamiast moździerza można użyć malaksera, a składniki nieco zmodyfikować według własnych upodobań.

OBRAZKI

Przystań jachtów w Las Palmas jest wolna od wielkomiejskiego zgiełku

Poniżej: Roque Bentaiga o zachodzie słońca

Po prawej: Jaskinie Guanczów w Cueva del Rey

Z GRAN CANARII

Powyżej:
Wydmy
w Maspalomas
stanowią rezerwat przyrody

Powyżej:
Karnawał
w Las Palmas

Po lewej:
Ukwiecona
Fataga, jedna
z najpiękniejszych wsi na
Gran Canarii

Mającą raptem 50 km średnicy Gran Canarię często nazywa się kontynentem w miniaturze. Na wyspie można znaleźć wysokie góry, głębokie kaniony, lasy sosnowo-laurowe, skaliste urwiska, wydmy, nagie zbocza i tropikalne doliny.

kontynent w miniaturze

Niemal idealnie okrągła wyspa przypomina stożek wulkaniczny z centralnym wierzchołkiem i rozchodzącymi się promieniście ku morzu wąwozami zwanymi *barrancos*. Północno-wschodnie pasaty spychają znad wybrzeża chmury, które skraplają się nad górami w centrum, dzieląc w ten sposób wyspę na wilgotną część północną i spalone przez słońce południe.

Flora

Dzięki mnogości mikroklimatów na wyspie występuje wyjątkowo dużo gatunków endemicznych, z których wiele można oglądać w Jardín Canario niedaleko Las Palmas (► 85).

W parkach i ogrodach rosną też liczne gatunki sprowadzone z innych części świata, m.in. bugenwille, hibiskusy, gwiazdy betlejemskie i strelicje królewskie.

Kanarki

Miejscowy kanarek (*Serenus canaria*) ma brudnobrązowe upierzenie i jest znacznie cichszy niż jego udomowiony krewniak, którego żółta barwa i charakterystyczny śpiew to efekt ponadczterystuletnich wysiłków hodowców.

To raczej kanarek zawdzięcza swą nazwę wyspom, a nie odwrotnie. Nazwa wysp wzięła się przypuszczalnie od wielkich psów (po łacinie *canes*), jakie napotkali tu po wylądowaniu Rzymianie, bądź też od berberyjskiego plemienia Canarii.

Powyżej: W Jardín Canario rośnie wiele rodzimych gatunków roślin

Bugenwille zachwycają soczystymi kolorami

Sąsiednia strona: Kaktusy na skalistych wzgórzach

Na wyspie występuje wiele przepięknych gatunków roślin

Flora Wysp Kanaryjskich

Na wyspach występuje niemal 2 tys. gatunków roślin, z czego ok. 700 to endemity. Wiele z nich może zainteresować jedynie botanika, ale kilku opisanym poniżej warto się przyjrzeć, zwłaszcza że nietrudno je znaleźć.

- **Sosna kanaryjska** (*Pinus canariensis*): te potężne drzewa (po prawej) rosnące w Górach Centralnych osiągają do 60 m wysokości. Pokryta żywicą kora jest odporna na pożary, dzięki czemu sosny żyją setki lat. Ich drewno, zwane *tea*, wykorzystuje się do budowy stropów i balkonów.

- **Wilczomlecz kanaryjski** (*Euphorbia canariensis*): kaktusowaty krzew (obok) porastający skaliste zbocza ma łodygi dochodzące do 2 m wysokości, czerwone owoce i biały sok mleczny wykorzystywany w tradycyjnej medycynie.

- **Smocze drzewo** (*Dracaena draco*), zwane też smokowcem (po lewej), to jeden z nielicznych reliktów epoki lodowcowej. Czerwoną żywicę Guanczowie nazywali „smoczą krwią". Przypisywali jej właściwości magiczne i wykorzystywali w medycynie. Kilka pięknych okazów tego gatunku można podziwiać w Jardín Canario (► 85).

- **Biała *tajinaste*** (*Echium decaisnei*): miejscowa odmiana ogórecznika, występująca w suchych, skalistych miejscach w rejonie południowego wybrzeża. Roślina ma mieczykowate liście i drobne białe kwiaty kwitnące na wiosnę. Niebieska *tajinaste* rośnie dziko w Górach Centralnych, w środkowej części wyspy.

Lucha Canaria

Dwaj bosi mężczyźni wchodzą na wysypany piaskiem ring, żegnając się znakiem krzyża. Podają sobie ręce, po czym dopingowani przez tłum widzów, zaczynają się siłować, trzymając się prawymi dłońmi, a lewymi ciągnąc za podwinięte szorty przeciwnika. Tak z grubsza wygląda *lucha canaria* (zapasy kanaryjskie), najstarszy sport na Wyspach Kanaryjskich, uprawiany tu na długo przed przybyciem Hiszpanów.

Zapasy kanaryjskie wywodzą się od walk, jakie toczyli między sobą Guanczowie. Hiszpańscy kronikarze opisują taki zapaśniczy pojedynek między zawodnikami z Telde i Gáldaru, który miał rozstrzygnąć spór o prawo do wypasu zwierząt. Dziś sport ten cieszy się popularnością wśród młodzieży. Walki można oglądać podczas każdej większej imprezy, a spotkania lokalnej ligi zapaśniczej przyciągają niewiele mniejszą widownię niż mecze piłki nożnej.

W zapasach obowiązują ścisłe reguły i kodeks *fair play*. Zawodnicy mogą dotykać ziemi wyłącznie podeszwami stóp, dążą zaś przede wszystkim do obalenia przeciwnika na piasek. Dwunastoosobowe zespoły uczestniczą w serii spotkań zwanych *bregas*, w których walczy się w grupach po trzech zapaśników aż do wyłonienia najlepszego. Liczy się siła fizyczna, ale także zwinność i gibkość. Bez względu na wynik każda walka kończy się tak, jak się zaczęła – uściskiem dłoni.

W zapasach kanaryjskich obowiązują ścisłe reguły

Walki zapaśnicze

Wszelkie informacje na temat zapasów kanaryjskich są zamieszczane w lokalnej prasie, zwłaszcza w środowym wydaniu „La Provincia". Zawody odbywają się niemal każdego tygodnia w Las Palmas i innych większych miejscowościach. Na południu warto przyjrzeć się rywalizacji drużyn z Arguineguín i Maspalomas, które walczą na piaszczystym ringu (*terrero*) na stadionie piłkarskim w pobliskim El Tablero.

Walki na kije

Innym tradycyjnym sportem kanaryjskim są *juego del palo* (walki na kije). Dwaj zawodnicy stają naprzeciwko siebie z dwumetrowymi drewnianymi pałkami (*garrotes*) i próbują uderzyć przeciwnika, unikając zarazem jego uderzeń. Pojedynki te nie są już na wyspach dyscypliną sportową, ale popisy zawodników można niekiedy zobaczyć podczas lokalnych fiest.

Jeśli ktoś kiedykolwiek zastanawiał się, dlaczego właściwie ludzie pasjonują się wędkowaniem, powinien wybrać się do przystani w Puerto Rico, kiedy przybijają tam wynajęte kutry, i popatrzyć na emocje malujące się na twarzach pasażerów: rozczarowanie tych, którzy wracają z pustymi rękoma, i radość tych, którym dopisało szczęście. Tu i ówdzie widać też wniebowziętego, dumnego z siebie amatora wędkarstwa, któremu właśnie udało się złapać największą rybę w życiu.

Marzenia

Puerto Rico to jeden z najważniejszych na świecie ośrodków wędkarstwa oceanicznego. Ustanowiono tu ponad 30 rekordów świata, a o najnowszych wyczynach informują tablice na nabrzeżu. W wodach nieopodal południowych wybrzeży Gran Canarii można łowić m.in. tuńczyki białe i żółtopłetwe, opastuny, bonito, barakudy, miecczniki i rekiny, ale najbardziej cenione są marliny błękitne, ważące od 250 do 500 kg. Nawet zwykłe przyglądanie się walce człowieka z takim monstrum (jej wynik do końca nie jest oczywisty) stanowi niezapomniane przeżycie.

Jak złowić wielką rybę

Na marlina najlepiej wybrać się między majem a październikiem, tuńczyki zaś łowi się głównie zimą. Przez cały rok z dwóch przystani w Puerto Rico wypływa codziennie kilka kutrów. Większość rejsów rozpoczyna się o 9.00 i trwa mniej więcej 6 godzin, choć odbywają się także rejsy o zachodzie słoń-

Rybołówstwo jest od dziesięcioleci źródłem zarobkowania dla mieszkańców Las Palmas (po lewej) i popularnym sportem w Puerto Rico (powyżej)

o wielkiej rybie

ca – wówczas wyrusza się o 15.00. Miejsca trzeba rezerwować 3–4 dni wcześniej. Ceny bywają różne, podobnie jak szanse na sukces.

Właściciele kutrów zapewniają wędki, przynętę i resztę sprzętu; większość łodzi jest też wyposażona w wysięgniki, specjalne krzesła z uchwytami oraz echosondy. Trzeba ze sobą zabrać jedzenie, picie i ciepłą odzież. Należy pamiętać, że wszystkie złowione ryby pozostają własnością szypra, a marliny są z zasady wypuszczane z powrotem do morza.

Na większości kutrów można wykupić nieco tańszy rejs w charakterze obserwatora. Prócz zmagań wędkarzy atrakcją są także często spotykane na pełnym morzu delfiny, a niekiedy nawet latające ryby.

Rejsy sportowe dla wędkarzy

„Barrakuda II" (☎ 928/735080)
„Blue Marlin III" (☎ 928/565071)
„Dorado" (☎ 928/565521)
„Felusi" (☎ 928/150093)

Muzyka i fantazyjne kolorowe przebrania, czyli karnawał w Las Palmas

Fies

Karnawał

Nigdzie w Hiszpanii nie obchodzi się tak hucznie karnawału, jak na Wyspach Kanaryjskich. Zakazany za czasów Franco, powrócił triumfalnie po upadku dyktatury i dziś Gran Canaria i Teneryfa zażarcie rywalizują ze sobą o miano karnawałowej stolicy na wschód od Rio de Janeiro.

Przez niemal trzy tygodnie w lutym w Las Palmas trwa wielka zabawa z występami akrobatów, klaunów, magików i mistrzów salsy, koncertami orkiestr dętych, pokazami sztucznych ogni i barwnymi paradami przebierańców.

Impreza odbywa się na otwartej arenie w Parque Santa Catalina (► 69). Początek karnawału (co roku inny termin – ok. 9 tygodni przed Wielkanocą) obwieszcza Verbena de la Sábana („zabawa prześcieradłowa"). Później następują wybory królowej karnawału i jej dzieci, a następnie zaczyna się tydzień ulicznych zabaw, konkursów piosenki i zawodów w malowaniu ciała, kończący się efektownym weekendowym finałem.

Największe szaleństwo panuje w nocy w ostatni piątek przed środą popielcową, kiedy wybiera się królową karnawału spośród mężczyzn przebranych za kobiety.

W karnawałowych paradach często biorą udział dzieci

Carne vale

Słowo „karnawał" wywodzi się od włoskiego *carne vale*, co dosłownie znaczy „pożegnanie mięsa" – była to bowiem ostatnia okazja do zabawy, radości i wspólnego biesiadowania przed umartwieniami w wielkim poście.

ta!

ty. Nazajutrz z La Isleta wyrusza kilkugodzinna parada, w której owa „zwyciężczyni", ubrana w ekstrawagancki strój zdobiony cekinami, koralikami i piórami, przejeżdża triumfalnie przez miasto na specjalnej platformie. O północy zaczyna się wielki plenerowy bal przebierańców (*mogollón*).

W niedzielę własną zabawę karnawałową mają dzieci, a w poniedziałek rozpoczyna się Velatorio („czuwanie przy zwłokach"): grupa żałobników w czarnych kobiecych przebraniach niesie ulicami w „kondukcie żałobnym" ogromną papierową sardynkę. Jej pogrzeb, symbolizujący koniec karnawału i początek wielkiego postu, odbywa się we wtorek przed środą popielcową na Playa de las

Co roku Las Palmas upodabnia się na kilka tygodni do Rio de Janeiro

Niektórzy przygotowują swe karnawałowe stroje przez cały rok

Canteras (► 70); towarzyszą mu pokazy sztucznych ogni.

Na południu wyspy karnawał kończy się później, w kolejny weekend. Miejscem parad i zabaw są okolice Yumbo Centre na Playa del Inglés (► 148).

Madonna z Jaskini

W ostatnią niedzielę sierpnia w Artenarze odbywa się wielka fiesta na cześć Madonny z Jaskini, której drewniany posąg jest uroczyście przenoszony ze skalnej kaplicy do kościoła parafialnego. Przez cały następny tydzień mieszkańcy składają pokłon Matce Boskiej, a w ostatnim dniu ksiądz błogosławi wiernych. Następnie figura jest wynoszona z kościoła i ulicami miasteczka rusza procesja

„W lutym w Las Palmas nie ma mężczyzn. Są tylko kobiety i przebrani za kobiety".

Z rozmowy z kanaryjskim muzykiem

z orkiestrą dętą i wojskową gwardią honorową. Pochodowi towarzyszą czasem pokazy sztucznych ogni.

Cała impreza jest transmitowana przez kanaryjską telewizję. Odziani w bogato haftowane kamizelki i spódnice członkowie zespołów ludowych z Gran Canarii i Teneryfy śpiewają i tańczą *isas* i *malagueñas*. Kiedy zapada zmrok, uczestnicy wspinają się na *mirador* powyżej miasteczka, by podziwiać zachód słońca nad Teneryfą.

O 21.00 kończy się koncert i zaczyna finałowa procesja. W niebo strzelają sztuczne ognie, a burmistrz zapala kolejno dziesiątki pochodni. Po raz ostatni rozbrzmiewa muzyka, a potem w ciemnościach rozświetlanych jedynie blaskiem niesionych pochodni posąg wędruje z powrotem do jaskini. Co kilka metrów ksiądz przystaje, by odmówić dziesiątkę różańca.

La Rama

Jeden z hiszpańskich kronikarzy wspomina, że kapłani Guanczów „zbierali ludzi i prowadzili ich z gałęziami w dłoniach na brzeg morza, gdzie smagali wodę, głośno przy tym wykrzykując". Tradycja ta, zwana La Rama, przetrwała do dziś w takich miejscach na Gran Canarii, jak Agaete (► 92) i San Nicolás de Tolentino (► 144).

Kiedy procesja dociera do kaplicy, znowu strzelają fajerwerki. Tym razem pokaz trwa dobre 20 minut. Madonna wraca do jaskini, ksiądz zaś błogosławi zebranych, którzy udają się na rynek, by do białego rana tańczyć salsę.

Skalna kaplica w Artenarze jest scenerią niezwykłych uroczystości

Poniżej: Wnętrze jaskini-kaplicy w Artenarze

10 niezapomnianych przeżyć

• Chodzenie na bosaka po słonecznych i wietrznych Dunas de Maspalomas (► 132).
• Wypatrywanie delfinów podczas wyprawy na ryby z Puerto Rico (► 142).
• Przejażdżka przez Barranco de Fataga (► 140), a potem pokonanie pętli w górach z Ayacaty do Cruz de Tejeda (► 115).
• Zachód słońca na zachodnim wybrzeżu, z wyłaniającą się w oddali z morza Teneryfą.

5 najlepszych miejsc do oglądania zachodu słońca...

• Cruz de Tejeda, wzgórze za hotelem *El Refugio* (► 43).
• Sosnowy las Tamadaba (► 108).

Najlepsze...

• Wspinaczka na Roque Nublo (► 112) i podziwianie panoramy wyspy.
• Widok Puerto de Mogán (► 138) od strony morza.
• Smak świeżej ryby w którymś z rybackich portów.
• Spróbowanie *papas arrugadas* z sosem *mojo*.
• Żywiołowa zabawa podczas tradycyjnej kanaryjskiej fiesty (► 28).
• Popisy śpiewaków i tancerzy w Pueblo Canario w Las Palmas (► 68).

• Latarnia morska w Maspalomas (► 132).
• Przystań w Puerto de la Aldea (► 144).
• Ścieżka biegnąca skrajem nadmorskiego urwiska między Puerto Rico a Playa de los Amadores (► 143).

... i 5 z najwspanialszym widokiem

• Artenara (► 108) – widok na góry w centrum wyspy ze szczytu figury Chrystusa wzorowanej na posągu z Rio de Janeiro.

Po lewej: Spacer po wydmach Maspalomas

W środku: Panorama Roque Nublo i Roque Bentaiga z Artenary

• Mirador del Balcón (➤ 93) – panorama dzikiego zachodniego wybrzeża.
• Pico de Bandama (➤ 82) – oglądanie krateru z wysokości 574 m n.p.m.
• Playa del Inglés (➤ 129) – wydmy z punktu widokowego za hotelem *Riu Palace Maspalomas* (➤ 44).
• Puerto de las Nieves (➤ 93) – widok na przystań z drogi do San Nicolás de Tolentino.

Muzyka z Gran Canarii

• Los Gofiones, *30 Años* (Manzana, 1998): największe przeboje tradycyjnej muzyki kanaryjskiej ostatnich 30 lat.

• Mestisay, *Viento de la Isla* (EMI, 1998): jazz latynoamerykański z towarzyszeniem wokalistek śpiewających kanaryjskie pieśni ludowe.

5 najlepszych lokali nocnych

• *Casino Las Palmas*, hotel *Santa Catalina*, Las Palmas (➤ 41)
• *Pacha*, Calle Simón Bolivár, Las Palmas
• *Joy*, Metro Centre, Playa del Inglés (➤ 148)
• *Pacha*, Metro Centre, Playa del Inglés (➤ 148)
• *Yumbo Centre*, Playa del Inglés (➤ 148)

5 najlepszych restauracji

• *Casa Montesdeoca*, Las Palmas (➤ 71)
• *La Casa Vieja*, Playa del Inglés (➤ 145)
• *El Alpendre*, Santa Lucía (➤ 119)
• *El Padrino*, Las Palmas (➤ 71)
• *La Bodeguilla Juananá*, Puerto de Mogán (➤ 146)

U góry: Roque Nublo to popularny cel weekendowych wycieczek

Powyżej: Do Puerto de Mogán najlepiej wybrać się statkiem

Czy wiesz, że...

•...najstarsza wzmianka o Gran Canarii pochodzi z relacji rzymskiego historyka **Pliniusza Starszego** (23–79). Opisał on archipelag „Wysp Szczęścia" i nazwał największą z nich Canarią, prawdopodobnie od psów (po łacinie *canes*), jakie na niej mieszkały, a dziś widnieją w godle Wysp Kanaryjskich.

•...Wyspy Kanaryjskie leżą w odległości ok. 200 km od Maroka, ale aż ponad 1500 km od Madrytu, z którego z kolei bliżej jest do Londynu niż do Las Palmas.

•...Gran Canaria to jedyne miejsce w Europie, w którym można zobaczyć północnoafrykańskie **palmy** **daktylowe** i meksykańskie **kaktusy**, rosnące dziko w górach i dolinach.

•...na **mapach** od II w. n.e. aż do odkrycia Ameryki w 1492 r. Wyspy Kanaryjskie oznaczano jako zachodni kraniec znanego świata.

•...kanaryjskie **wino** wspominali w swoich utworach William Szekspir i John Keats.

Czyste niebo nad Gran Canarią sprawiło, że NASA wybudowała w Pasito Blanco ośrodek łączności kosmicznej

•...Thomas Whitmore z Uniwersytetu Syracuse w Stanach Zjednoczonych uznał w 1996 r. Las Palmas za miasto o najprzyjemniejszym **klimacie** na świecie.

•...lądowaniem Neila Armstronga **na Księżycu** w 1969 r. naukowcy z NASA kierowali z centrum kosmicznego w Pasito Blanco.

•...słowo ***canario***, oznaczające kanarka i mieszkańca Wysp Kanaryjskich, w starohiszpańskim znaczyło „a niech to".

•...jeden metr kwadratowy **plaży** w przeliczeniu na dochód z turystyki wart jest prawie 150 tys. dolarów.

•...zdaniem naukowców, w ciągu najbliższych kilku tysięcy lat w następstwie wybuchu wulkanu Las Palmas zapadnie się do morza, co wywoła gigantyczną falę, która może zniszczyć wybrzeże USA od Miami po Nowy Jork.

Kielich kanaryjskiego

„Przyjacielu, musisz prędko wychylić kielich kanaryjskiego..."

William Szekspir
Wieczór Trzech Króli
(tłum. S. Barańczak)

Gran Canaria bez tajemnic

Pierwsze dwie godziny

Przylot na lotnisko Gando

Zdecydowana większość turystów przybywa na **Aeropuerto de Gando**, 22 km na południe od Las Palmas, na wschodnim wybrzeżu wyspy.

- Po powitaniu przez przedstawicieli **biur podróży** uczestnicy wczasów zorganizowanych są rozwożeni autobusami do hoteli.
- W hali przylotów znajdują się biura większych **wypożyczalni samochodów** oraz kantory wymiany walut.

Z lotniska Gando do Las Palmas

- Najszybszym, ale i najdroższym środkiem transportu są **taksówki**, czekające przed budynkiem lotniska.
- Do Las Palmas często kursują też solidne i niedrogie **autobusy** (www.globalsu.net). #60 odjeżdża sprzed hali lotniska co 30 minut w godzinach 6.30–21.00, a potem co godzina do 2.00 w nocy. Przejazd trwa ok. pół godziny. Autobusy z lotniska kończą trasę na głównym dworcu autobusowym obok Parque San Telmo, gdzie można się przesiąść na autobusy lokalne, taksówki oraz autobusy do innych miejscowości na wyspie.

Z lotniska Gando na południowe wybrzeże

- Na miejsce najszybciej dojeżdża się **taksówką** (postój przed budynkiem lotniska). To najdroższy środek transportu, choć ceny są bardzo różne.
- Działa również komunikacja **autobusowa**. #66 odjeżdża do Playa del Inglés co 2 godziny między 7.15 a 21.15. Przejazd trwa ok. godziny. Z Playa del Inglés kursują regularnie autobusy do innych kurortów na południowym wybrzeżu, takich jak Puerto Rico i Puerto de Mogán.

Wypożyczalnie samochodów

- Większe wypożyczalnie mają przedstawicielstwa na **lotnisku**.
- Na ogół można oszczędzić czas i pieniądze, dokonując **wcześniejszej rezerwacji**.
- Aby wypożyczyć samochód, trzeba mieć kartę kredytową, paszport i prawo jazdy, a także **skończone 21 lat**.
- Wypożyczalnie działają **w każdej większej miejscowości wypoczynkowej**, lepiej więc pojechać do miejsca zakwaterowania autobusem i dopiero tam rozejrzeć się za samochodem (chyba że mieszka się na odludziu).
- We wszystkich większych kurortach są dostępne **samochody terenowe**, ale trzeba je rezerwować wcześniej na lotnisku.
- Z lotniska **autostrada GC1** prowadzi na północ do Las Palmas, na południe zaś do Puerto Rico.

Avis: ☎ 928/579578, www.avis.com
Europcar: ☎ 922/372882, www.europcar.com
Hertz: ☎ 928/579577, www.hertz.com

Przyjazd statkiem

- Pasażerowie **promów samochodowych** z Hiszpanii i innych Wysp Kanaryjskich wysiadają w Puerto de la Luz w Las Palmas.
- Pasażerowie **promu ekspresowego** z Teneryfy do Puerto de las Nieves mają zapewniony bezpłatny dowóz autobusem do Las Palmas. Przejazd samochodem z Puerto de las Nieves do Las Palmas zajmuje ok. 40 minut.

Bezpieczeństwo

Gran Canaria nie jest bardziej niebezpieczna niż inne popularne rejony turystyczne w Hiszpanii. Na złodziei trzeba przede wszystkim uważać bezpośrednio po przyjeździe.

- Paszport, pieniądze i inne cenne drobiazgi należy przechowywać w wewnętrznej kieszeni lub specjalnej torebce przy pasku, a najlepiej schować w hotelowym **sejfie** zaraz po zameldowaniu się.
- **Bagaż podręczny**, a zwłaszcza aparaty fotograficzne, kamery itp. powinno się zawsze trzymać przy sobie.
- Stojąc w kolejce do wypożyczalni samochodów albo wsiadając do autobusu, nie wolno nigdy **pozostawiać bagażu bez opieki**.
- **Drobne kradzieże** zdarzają się szczególnie często w Santa Catalinie i portowych dzielnicach Las Palmas.

Biura informacji turystycznej

W większości biur pracownicy mówią po angielsku lub niemiecku i dysponują mnóstwem materiałów informacyjno-reklamowych w tych językach.

Las Palmas

- **Główne biuro informacji turystycznej** (☎ 928/264623, pn.–pt. 9.00–14.00) jest zlokalizowane w Parque Santa Catalina, w budynku obok dworca autokarów turystycznych Guagua Turística.
- **Patronato de Turismo** (Rada ds. Turystyki) ma biura przy Calle León y Castillo 17, kilka kroków od dworca autobusowego (☎ 928/219600, pn.–pt. 9.00–14.00).
- Biura i punkty informacji turystycznej są także w Parque San Telmo, na Plaza de Santa Ana, przy Avenida Mesa y López, w Pueblo Canario oraz na promenadzie za Playa de las Canteras.
- W biurze na **dworcu autobusowym** można otrzymać mapki połączeń i rozkłady jazdy, a także kupić bilety, m.in. wieloprzejazdowe Bono-Guagua i Tarjeta Insular (► 38).

Południowe wybrzeże

- **Yumbo Centre**: Playa del Inglés, ☎ 928/771550, pn.–pt. 9.00–21.00, sb. 9.00–13.00.
- **Mirador Campo de Golf**: Maspalomas, ☎ 928/769585, pn.–pt. 9.00–21.00, sb. 9.00–13.00.
- **Puerto Rico**: niedaleko przystanku autobusowego na rondzie przy wjeździe do kurortu, ☎ 928/560029, pn.–pt. 9.00–14.00.

Komunikacja

Niewielkie rozmiary wyspy są w tym wypadku jej atutem. Zarówno Las Palmas, jak i Maspalomas leżą nie dalej jak o 30 minut jazdy od lotniska, a całą Gran Canarię da się bez trudu objechać w ciągu jednego dnia (► 164).

Autobusy

Do Las Palmas i miejscowości na południowym wybrzeżu najtaniej i najprościej można się dostać autobusem.

- Autobusy firmy **Global** obsługują gęstą sieć połączeń, a na niektórych trasach kursują również w nocy.
- **Mapki połączeń i rozkłady jazdy** są dostępne na dworcu autobusowym w Las Palmas oraz w biurze informacji turystycznej w Playa del Inglés.

- Planując korzystanie z komunikacji autobusowej, warto się zdecydować na zakup biletu wieloprzejazdowego **Tarjeta Insular**, sprzedawanego na dworcu autobusowym w Las Palmas oraz w kioskach i sklepach z widocznym symbolem „Tarjeta Insular". Bilet kosztuje ok. 12 € i daje 30% zniżki. Aby z niego skorzystać, wystarczy podać kierowcy nazwę przystanku docelowego i włożyć bilet do kasownika umieszczonego z przodu autobusu, by potrącić należność za przejazd.

Ważniejsze linie

#**01** Las Palmas–Playa del Inglés–Puerto Rico–Puerto de Mogán
#**30** Las Palmas–Playa del Inglés–Maspalomas
#**32** Playa del Inglés–Puerto Rico–Puerto de Mogán
#**61** Las Palmas–Playa del Inglés–Puerto Rico–Puerto de Mogán (nocny)

Autobusy miejskie

Po Las Palmas kursują lokalne autobusy **Guaguas Municipales** (www.guaguas.com).

- Cena biletu jest stała, ale w punktach sprzedaży prasy, trafikach i na dworcach można kupić wieloprzejazdowy **Bono-Guagua**, który upoważnia do dziesięciu przejazdów w cenie sześciu. W autobusach miejskich honorowany jest także bilet Tarjeta Insular (► wyżej).
- Trzy **główne trasy** łączą stare miasto z dzielnicą portową. Najbardziej przydatny dla turystów jest autobus linii #1, kursujący całą dobę spod Teatro Pérez Galdós do Parque San Telmo, Pueblo Canario i Parque Santa Catalina. Autobusy linii #2 i 3 odjeżdżają z Alameda de Colón i również jadą przez Parque Santa Catalina.
- O szczegółową **mapkę połączeń i rozkład jazdy** należy pytać w biurze informacji turystycznej na dworcu autobusowym obok Parque San Telmo.
- **Guagua Turística** to otwarty autobus turystyczny, którym warto się wybrać na dwugodzinny objazd miasta. Trasa zaczyna się i kończy w Parque Santa Catalina. Bilet kosztuje 6 € i jest ważny przez cały dzień, można więc do woli wsiadać i wysiadać po drodze. Autobus odjeżdża z Parque Santa Catalina co 30 minut od 9.30 do 12.30 i od 14.45 do 17.45. Można też wsiąść poza dworcem, przy Parque San Telmo.

Taksówki

- Taksówki najłatwiej rozpoznać po **zielonym świetle** na dachu – zapalone oznacza, że pojazd jest wolny.
- Na trasach lokalnych płaci się według **wskazań taksometru** (ceny rozsądne).
- Udając się poza granice miasta, należy **z góry ustalić zapłatę** (wskazania taksometru wówczas nie obowiązują).
- Zwykle można **złapać taksówkę na ulicy**, ale jeśli jest duży ruch, lepiej poszukać postoju albo dokonać rezerwacji.

Numery radiotaxi

☎ 928/462212 (Las Palmas)
☎ 928/766767 (Playa del Inglés/St Agustín)
☎ 928/152740 (Puerto de Mogán)
☎ 928/142634 (Maspalomas)

Samochód

Chcąc zwiedzić wnętrze Gran Canarii z dala od nadmorskich kurortów, zwykle trzeba wypożyczyć samochód (► 36).

- Jazda w **górach**, po krętych i wąskich drogach, jest trudna i wymaga dużej koncentracji.
- Na podróż trzeba **przeznaczyć dużo czasu** – w ciągu godziny można pokonać nie więcej niż 40 km.
- Jedyne **drogi szybkiego ruchu** na wyspie to dwa odcinki autostrady: GC1 z Las Palmas do Puerto Rico oraz GC2 z Las Palmas do Agaete.

Wypożyczenie samochodu

- Duże **międzynarodowe sieci** mają przedstawicielstwa na lotnisku Gando (► 36), w Las Palmas i wszystkich większych miejscowościach wypoczynkowych.
- **Wypożyczalnie lokalne** proponują konkurencyjne ceny, jeśli więc samochód nie jest potrzebny natychmiast, lepiej się rozejrzeć po danej miejscowości i porównać oferty.
- Aby wypożyczyć samochód, niezbędny jest paszport, prawo jazdy i karta kredytowa. Należy je zawsze mieć przy sobie wraz z dokumentami pojazdu.
- Powinno się dokładnie przestudiować **warunki ubezpieczenia**. Planując jazdę po górskich drogach bądź na bardziej odludne plaże, można się ubezpieczyć, jedynie wynajmując dżipa lub inny pojazd z napędem na cztery koła.

Przepisy i informacje praktyczne

- Na Wyspach Kanaryjskich obowiązuje **ruch prawostronny**.
- **Zapięcie pasów** jest obowiązkowe dla kierowcy i wszystkich pasażerów.
- Dopuszczalny **limit alkoholu** we krwi to 0,8 promila.
- **Dopuszczalne prędkości**: 120 km/godz. na autostradzie, 90 km/godz. na głównych drogach i 40 km/godz. na obszarze zabudowanym, chyba że znaki podają inne ograniczenie.
- W tunelach obowiązkowo trzeba włączać **światła mijania**.
- Przy wyprzedzaniu i dojazdach do ostrych zakrętów z ograniczoną widocznością należy jadących z naprzeciwka **ostrzegać klaksonem**.
- **Benzyna** jest znacznie tańsza niż w Hiszpanii kontynentalnej. Wiele stacji benzynowych działa przez całą dobę. Na większości z nich można płacić kartą kredytową. Wybierając się w góry, warto zatankować bak do pełna.
- Białe i żółte linie na jezdni oznaczają zakaz **parkowania**. Linie niebieskie wskazują miejsca parkingowe, w których trzeba wykupić bilet w automacie.
- **Włamania** do samochodów z wypożyczalni są na porządku dziennym. Wszystkie wartościowe rzeczy trzeba chować do bagażnika.

Wycieczki zorganizowane

- Biura turystyczne oferują rozmaite **wycieczki**, od safari w dżipach po typowe autokarowe objazdówki. Rezerwacje przyjmują rezydenci.
- **Zaletą** tych wycieczek jest to, że można zwiedzić wyspę bez wypożyczania samochodu, **wadą** zaś wysoka cena i narzucony program.
- **Należy uważać** na lokalne firmy proponujące bezpłatne wycieczki – zawsze wiąże się z tym udział w prezentacji jakiegoś towaru albo natrętna propozycja zakupu domu na wakacje w systemie *timeshare* (► 40).

Opłaty za wstęp

Od stycznia 2002 r. walutą na Wyspach Kanaryjskich jest euro. Opłaty za wstęp do muzeów i innych atrakcji turystycznych w przewodniku oznaczono w następujący sposób:

Niedrogo	do 4 €
Ceny umiarkowane	4–7 €
Drogo	ponad 7 €

Noclegi

Goście przyjeżdżają na Gran Canarię na ogół w ramach wczasów zorganizowanych i mają już załatwione noclegi. Większość miejsc w hotelach i apartamentach jest zarezerwowana przez biura turystyczne, dlatego turysta indywidualny może mieć problemy ze znalezieniem wolnego pokoju.

Lokalne biura informacji turystycznej dysponują wykazem miejsc noclegowych i mogą być pomocne, ale lepiej zadbać o noclegi przed przyjazdem na wyspę.

Hotele

Wszystkie hotele są podzielone na pięć kategorii oznaczanych gwiazdkami. Większość z nich ma ich co najmniej trzy, co gwarantuje pokoje z osobną łazienką.

W wyborze hoteli opisanych w dalszej części przewodnika brano pod uwagę jakość lub wyjątkową atmosferę danego miejsca. Ceny pokoi są wyższe w sezonie, czyli od listopada do kwietnia, oraz w lipcu i sierpniu, kiedy na wakacje przyjeżdżają całymi rodzinami Hiszpanie. Najspokojniej jest w maju, czerwcu, wrześniu i październiku.

Apartamenty

Wiele osób, zwłaszcza z rodzinami, woli niezależność, jaką daje wynajęcie samodzielnego apartamentu lub willi. Apartamenty dzielą się na trzy kategorie oznaczane kluczykami (od jednego do trzech), przy czym nawet te najtańsze mają zazwyczaj sypialnię, łazienkę, salonik, wnękę kuchenną i balkon. W cenę wliczona jest pościel, ręczniki i sprzątanie; za dodatkową opłatą można czasem wypożyczyć czajnik, opiekacz do grzanek itp. Prócz zwykłych apartamentów istnieją także apartamentowce, czyli wielkie bloki z hotelowym zapleczem: basenem, restauracją, klubem nocnym.

Większość apartamentów jest wynajmowana hurtem przez biura turystyczne, ale czasem można znaleźć jakieś wolne miejsca.

Casas rurales

Pod tą nazwą kryją się wiejskie domy, jaskinie mieszkalne i gospodarstwa zamienione w dacze. To propozycja dla kogoś, komu nie przeszkadza oddalenie od plaży i konieczność wypożyczenia samochodu. Ceny są atrakcyjne, a przy okazji można poznać bardziej autentyczne oblicze Gran Canarii. *Casas rurales* są zwykle urządzone w tradycyjnym stylu, ale często wyposażone także w baseny. Rezerwacje przyjmują następujące agencje:

Gran Canaria Rural (☎ 928/462547, www.grancanaria-rural.com)
Grantural (☎ 928/493335)
Retur (☎ 928/661668)

Timeshare

W większych miejscowościach nietrudno natknąć się na natarczywych agentów proponujących obejrzenie domów wakacyjnych oferowanych w systemie *timeshare*, określanym niekiedy terminem „wakacyjna własność". Polega to na wykupieniu prawa do spędzania co roku wakacji w określonej willi lub apartamencie w zamian za jednorazową wpłatę i coroczny abonament. Niektóre z tych nieruchomości, np. w Anfi del Mar, są bardzo ładnie urządzone i dobrze utrzymane, jeśli jednak policzyć łączny koszt wszystkich opłat, przelotów i ubezpieczenia, oferta może się okazać mało atrakcyjna finansowo. Trzeba się także zastanowić, czy spędzanie wszystkich wakacji w tym samym miejscu to na pewno dobry pomysł.

Ceny noclegów

W przewodniku zastosowano następujące kategorie cenowe (pokój dwuosobowy z łazienką, w sezonie, czyli XI–IV; do ceny należy doliczyć 4,5% podatku VAT):

① do 60 € ② 60–120 € ③ ponad 120 €

Hotele na Gran Canarii

Las Palmas

Madrid ①

Dla tych, którzy wyżej cenią atmosferę niż komfort. Wielki kolonialny hotel przy jednym z najatrakcyjniejszych placów w Las Palmas. Mebli i staroświeckich drewnianych łóżek nie zmieniano chyba od 1936 r., kiedy gen. Franco spędził tu ostatnią noc przed wywołaniem hiszpańskiej wojny domowej. Warto poprosić o pokój z balkonem od strony placu, choć w nocy może nieco przeszkadzać hałas.

183 E2 ✉ Plaza de Cairasco 4 ☎ 928/360664, fax 382176

Parque ②

Najlepszy hotel w Las Palmas w tym przedziale cenowym, na wprost Parque San Telmo, blisko starego miasta. Doskonała baza dla wycieczek po wyspie, ponieważ do dworca autobusowego idzie się stąd tylko minutę. Wygodne, nowocześnie urządzone pokoje, niektóre z widokiem na park. Jeszcze ładniejszy widok roztacza się z restauracji na górze i tarasu do opalania na dachu.

183 E3 ✉ Muelle de Las Palmas 2 ☎ 928/433743, fax 433392, igevan@teleline.es

Reina Isabel ③

Najlepszy z hoteli przy plaży Las Canteras, niedawno gruntownie wyremontowany. Z basenu na dachu można korzystać godzinami. Hotel dysponuje także własnymi leżakami i parasolami na plaży. W restauracji na górze serwują pomysłowe dania kuchni hiszpańskiej, a kawiarnia z tarasem na plaży poleca kanapki i przekąski. Większość pokoi ma balkony z widokiem na morze.

182 B4 ✉ Calle Alfredo L. Jones 40 ☎ 928/260100, fax 274558, reservas@bullhotels.com

Santa Catalina ③

Otwarty w 1890 r. stylowy obiekt, w którym tradycyjnie zatrzymywały się koronowane głowy i mężowie stanu. Z ciemnych, wykładanych drewnem balkonów rozciąga się widok na tropikalne ogrody, a na wiklinowych krzesłach na werandzie można przyjemnie posiedzieć przy koktajlu czy popołudniowej herbacie. Na miejscu m.in. basen, sauna i kasyno, do tego codziennie bezpłatny dowóz na oddaloną o 2 km plażę. Rozciągający się na tyłach hotelu Parque Doramas doskonale nadaje się na spacery.

183 D5 ✉ Calle León y Castillo 227 ☎ 928/243040, fax 242764, hotel@hotelsantacatalina.com

Północ

Arucas

La Hacienda del Buen Suceso ②

Elegancki wiejski hotel otwarty w 1999 r. w dworku pośrodku jednej z największych plantacji bananów na Gran Canarii. Przygotowano tylko 18 pokoi, dzięki czemu w basenie nigdy nie jest tłoczno. Na miejscu są stajnie oraz wypożyczalnia rowerów górskich. Goście mogą także zwiedzać plantację. Doskonałe miejsce dla tych, którzy szukają ciszy i spokoju.

179 D5 ✉ Carretera de Arucas a Bañaderos, 1 km ☎ 928/622945, fax 692942, hacienda@idecnet.com

Caldera de Bandama

Bandama Golf & Country Hotel ②
Nieduży hotelik obok klubu golfowego Las Palmas, z widokiem na krater Bandama po jednej stronie i pole golfowe po drugiej. Pierwsza rzutnia znajduje się dosłownie o kilka metrów od wejścia do hotelu. Jak można się spodziewać, większość gości przyjeżdża tu, żeby pograć w golfa, ale są także korty tenisowe, konie i podgrzewany basen. W cenę pokoju częściowo wliczono wstęp na pole golfowe. Co tydzień są organizowane zawody dla gości.
179 E4 ✉ Caldera de Bandama ☎ 928/351538, fax 350873

Gáldar

Hacienda de Anzo ②
Luksusowe noclegi w przebudowanym wiejskim domu ozdobionym częściowo w stylu hiszpańsko-kolonialnym, a częściowo miejscowym. Świetna lokalizacja na wsi, a zarazem zaledwie kilka kilometrów od morza, co pozwala w przyjemny sposób łączyć wypady na plażę z podziwianiem pięknych krajobrazów. Również blisko głównej drogi do oddalonego o 25 km Las Palmas. Mnóstwo możliwości aktywnego wypoczynku, od przejażdżek konnych po turystykę pieszą. Na miejscu goście mogą korzystać z przyjemnego basenu.
178 C5 ✉ Valle de Anzo ☎ 928/551655, fax 551244

Puerto de las Nieves

Puerto de las Nieves ②
Luksusowy hotel i ośrodek hydroterapii otwarty w 2000 r. Goście mają wolny wstęp na basen uzdrowiskowy i do sauny, a za dodatkową opłatą mogą także korzystać z masażu, seansów refleksologii i wielu innych terapii odstresowujących. Większość z 30 pokoi ma taras z widokiem na morze, a do plaży idzie się tylko parę minut. W restauracyjnym menu króluje kuchnia hiszpańska i kanaryjska oparta na produktach pochodzących z Valle de Agaete.
178 B5 ✉ Avenida Alcade José de Armas ☎ 928/886256, fax 886267, hpnieves@idecnet.com

Valle de Agaete

Princesa Guayarmina ①
Hotel uzdrowiskowy w górnej części doliny, oferujący terapie w rodzaju akupunktury, hydromasażu i łaźni tureckich. W restauracji podają tradycyjne dania kanaryjskie oraz wegetariańskie przygotowane ze świeżych produktów rolnych z przyhotelowego gospodarstwa. Fantastyczne miejsce na wczasy z dala od całego świata. W okolicy można się włóczyć po górach albo podziwiać wspaniałą panoramę oceanu. Do tego niewielki basen, a w sklepiku ciekawy wybór kanaryjskich książek i płyt kompaktowych.
178 C4 ✉ Los Berrazales ☎ 928/898009, fax 898525

Centrum i południe

Agüimes

Casa de los Camellos ①
Trzystuletnia murowana stodoła w sercu Agüimes, zamieniona w uroczy wiejski hotel z 12 pokojami o tradycyjnych drewnianych balkonach wychodzących na wewnętrzny dziedziniec i ogrody. Agüimes wyrosło na coś w rodzaju centrum turystyki wiejskiej na Gran Canarii i kilka z tutejszych domów przekształcono w *casas rurales* (► 40).
179 E3 ✉ Calle El Progreso 12 ☎ 928/785003, fax 785053, hrcamellos@hecansa.com

Arguineguín

La Canaria ③
Jeden z najwytworniejszych obiektów noclegowych na wyspie, należący do sieci Steigenberger i przyciągający głównie niemiecką klientelę. Wszystkie pokoje mają balkony, z których roztacza się widok na morze i luksusowe ogrody z ciągiem

basenów na pierwszym planie. Dla dzieci przygotowano brodzik oraz salę zabaw z ping-pongiem i piłkarzykami. Hotel ma własną plażę nad zatoczką, ale w pobliżu jest także większa plaża w Patalavaca.
179 C1 ✉ Barranco de la Verga ☎ 928/150400, fax 151003, lacanaria@steigenberger.com

Barranco de Fataga

Molino del Agua de Fataga ①

Wiejski hotel usytuowany w pięknym palmowym zagajniku, w zespole dawnych zabudowań gospodarczych wychodzących na odrestaurowany młyn, w którym mielono ziarno na *gofio* (od niego obiekt wziął swą nazwę). Pokoje urządzone w tradycyjnym stylu, małe, bezpretensjonalne i ładne, z kutymi meblami wykonanymi przez pracującego na miejscu kowala i drewnianym balkonem lub tarasem. Przejażdżki na wielbłądzie oraz plac zabaw dla dzieci z kozami, pawiami i kurami. W restauracji obok basenu serwują dania z kanaryjskich gór.
179 D2 ✉ Carretera de Fataga a San Bartolomé, 1 km ☎ 928/172089, fax 172244

Cruz de Tejeda

El Refugio ①

Chata w alpejskim stylu, idealna dla miłośników turystyki górskiej. Tylko 10 pokoi urządzonych w stylu kanaryjskim, ale zapewniających wszelkie wygody. W ogrodzie niewielki basen, do tego przytulna świetlica z książkami, grami i ekspresem do kawy. Ścieżką obok hotelu można się wspiąć do punktu widokowego, by podziwiać Teneryfę o zachodzie słońca. W nocy panuje tu wyjątkowa cisza.
178 C4 ✉ Cruz de Tejeda ☎ 928/666513, fax 666520

Maspalomas

Grand Hotel Residencia ③

Niewielki, pięknie zaprojektowany hotel, który od otwarcia w 2000 r. zdążył już zyskać sobie renomę jednego z najlepszych na wyspie. Pokoje w stylu kolonialnym mieszczą się w hiszpańsko-mauretańskich willach z drewnianymi balkonami, a pośrodku zbudowano basen. Obok działa centrum odnowy biologicznej z kąpielami błotnymi, talasoterapią i chińską medycyną. W restauracji polecającej nowoczesną kuchnię śródziemnomorską podają pięciodaniowe posiłki. W pokojach, ozdobionych kopiami obrazów Joana Miró, goście mogą korzystać z Internetu i odtwarzaczy CD.
179 D1 ✉ Avenida del Oasis 43 ☎ 928/723100, fax 723108, info@grand-hotel-residencia.com

Riu Grand Palace (Maspalomas Oasis) ③

Obiekt, usytuowany pośród 6,5-hektarowych ogrodów w palmowym lesie, przez długie lata był uważany za najlepszy hotel na południowym wybrzeżu Gran Canarii. Można tu znaleźć wszystko, czego należałoby się spodziewać po pięciu gwiazdkach: całodobową obsługę kelnerską, nocny klub, telewizję satelitarną, stoły bilardowe i do ping-ponga, klub dla dzieci itp. Latem możliwość grillowania pod gołym niebem obok jeziora.
179 D1 ✉ Playa de Maspalomas ☎ 928/141448, fax 141192

Riu Palace Meloneras ③

Potężny kompleks z 300 pokojami hotelowymi i 144 willami, otwarty jako pierwszy obiekt w nowym kurorcie Las Meloneras. O charakterze całości przesądza ekstrawagancki, wyłożony polerowanym kamieniem hol z kryształowymi żyrandolami. W rozległym ogrodzie są dwa baseny kąpielowe, boiska i wyjście na nadmorską promenadę. Plaża w Maspalomas jest oddalona zaledwie o kilka kroków. Goście mieszkający w willach mogą korzystać z całego zaplecza hotelowego (tenis, ping-pong, wypożyczalnia rowerów itp.).
178 C1 ✉ Urbanización Las Meloneras ☎ 928/143182, fax 142544

Palmitos Parque

Helga Masthoff Park & Sport Hotel ③

Hotel i kompleks sportowy zbudowany w podzwrotnikowych ogrodach powyżej Palmitos Parque przez byłą niemiecką mistrzynię tenisową Helgę Masthoff. Na miejscu jest sześć kortów ze sztuczną trawą, szkoła golfowa z polem do ćwiczeń, centrum odnowy biologicznej z saunami, masażem i jacuzzi, a także strefa dla naturystów. Pobliskie góry doskonale nadają się do uprawiania turystyki pieszej. W hotelu można też wypożyczać rowery górskie. Wszystkie pokoje mają balkony z widokiem na dolinę.

178 C2 ✉ Barranco de los Palmitos
☎ 928/142100, fax 141114

Playa del Inglés

Riu Palace Maspalomas ③

Imponujący budynek na skraju wydm Maspalomas z wyglądu przypomina mauretański pałac. Na gości czekają 342 pokoje oraz bogate zaplecze (sauna, salon piękności, pasaż handlowy). Przez wydmy idzie się kawałek na plażę, a nieco dalej do latarni morskiej w Maspalomas. Z wielu pokoi można podziwiać wspaniałe zachody słońca nad wydmami.

179 D1 ✉ Avenida de Tirajana
☎ 928/769500, fax 769800

Puerto de Mogán

Club de Mar ②

Niewielki hotel na nabrzeżu oferujący 56 dwójek oraz apartamenty i wille na tyłach portu. Wszystkie apartamenty z tarasami do opalania na dachu – goście mogą korzystać z zaplecza hotelowego (m.in. basenu). Obok basenu widnieje wyjście na niedużą plażę w Puerto de Mogán. W razie braku wolnych miejsc warto popytać w barach i kawiarniach na nabrzeżu, ponieważ kilka z nich także ma w ofercie apartamenty i wille do wynajęcia.

178 B2 ✉ Playa de Mogán
☎ 928/565066, fax 565438

San Agustín

Gloria Palace ②

Hotel przy największym ośrodku talasoterapii w Europie. Pięć basenów z wodą morską i bogata oferta zabiegowa – od kuracji wodorostami po chińską akupunkturę i kąpiele morskie z ultradźwiękami. Do plaży po drugiej stronie głównej drogi idzie się 15 minut, ale można skorzystać z bezpłatnego dowozu autobusem. Panoramiczna restauracja specjalizuje się w kuchni baskijskiej i francuskiej.

179 D1 ✉ Las Margaritas
☎ 928/268603, fax 767929, gloriapalace@hvsl.es

Gastronomia

Większość restauracji na Gran Canarii oferuje dania kuchni kanaryjskiej (► 16), a do tego steki, owoce morza i takie tradycyjne hiszpańskie specjały, jak *paella*. Na całym wybrzeżu można dostać świeże ryby, zwłaszcza w portach rybackich: Puerto de las Nieves, Puerto de Mogán i Arguineguín.

Kiedy i gdzie jeść

- W górzystym centrum wyspy najczęściej spotykanym rodzajem restauracji jest ***parrilla***, czyli wiejska karczma specjalizująca się w daniach z rusztu i pieczonym mięsie.
- W takich kurortach, jak Puerto Rico czy Playa del Inglés działają **wszelkiego rodzaju lokale gastronomiczne**, serwujące angielskie śniadania, hamburgery, pizzę, szarlotkę i inne międzynarodowe specjały.
- Bary w Las Palmas i innych miejscowościach oferują ***tapas***, czyli nieduże porcje hiszpańskich i kanaryjskich przekąsek. Wywodzi się to z dawnego obyczaju po-

dawania na pokrywce (*tapa*) bezpłatnej zakąski do alkoholu, np. oliwek. Najpopularniejsze *tapas* to *pata de cerdo* (kawałki pieczonej wieprzowiny na zimno) i *queso curado* (dojrzały ser).

- Wszędzie, nawet w najbardziej obleganych przez turystów miejscach, można dostać ***papas arrugadas*** (gotowane w słonej wodzie ziemniaki z sosem *mojo* – ➤ 19).
- **Suchy prowiant** najlepiej kupować w Mercado de Vegueta w Las Palmas (➤ 66), na cotygodniowym targu w Vega de San Mateo (➤ 96) lub w supermarketach w każdym większym kurorcie.

Praktyczny przewodnik

- Tradycyjne **pory spożywania posiłków** to 13.00–16.00 w przypadku obiadu oraz 20.00–23.00 jeśli chodzi o kolację. Wiele restauracji czynnych jest jednak przez cały dzień.
- Liczne restauracje oferują ***menu del día***, czyli trzydaniowy zestaw z wodą lub winem, który zawsze można dostać w porze obiadowej, a czasem także wieczorem. Posiłek ten ma stałą, zwykle atrakcyjną cenę.
- W świetle prawa **obsługa** zawsze musi być wliczona w cenę, choć zdarza się, że za takie dodatki, jak chleb czy oliwki płaci się osobno. Za dobrą obsługę przyjęło się dawać napiwek w wysokości 5–10% rachunku. W barze zwyczajowo zostawia się na kontuarze parę drobnych monet.
- **Rezerwacja miejsc** rzadko jest konieczna, wyjąwszy najlepsze restauracje, warto jednak zadbać o to, wybierając się na kolację w sobotę czy obiad w niedzielę.
- **Wegetarianie** mają na Gran Canarii ciężkie życie, ponieważ nawet w daniach jarskich często można znaleźć kawałki mięsa czy ryby. W większości lokali najbezpieczniej zamawiać dużą porcję *ensalada mixta* (sałatka warzywna) oraz *tortillę* (ziemniaczany omlet) lub *queso* (ser).
- Niczym niezwykłym nie jest zamówienie dwóch przystawek bez dania głównego albo jednej przystawki dla dwóch osób.
- W niektórych restauracjach przygotowano **menu dla dzieci**; zawsze też można poprosić o mniejszą porcję.

Napoje

- Na całej wyspie jest dostępna **woda mineralna** z Firgas i Teroru. *Agua sin gas* to woda niegazowana, *agua con gas* – gazowana.
- Na Gran Canarii uprawia się mnóstwo owoców, nietrudno więc napić się **świeżego soku**. Największą popularnością cieszy się *zumo de naranja* (sok pomarańczowy), ale niektóre bary oferują także świeżo wyciśnięty sok z mango, papai, bananów, ananasów czy kiwi.
- **Kawę** zwykle podaje się po posiłku jako *café solo* – małą, mocną, przypominającą espresso. Można zamówić także *café cortado* (espresso z odrobiną ciepłego mleka), *café con leche* (z dużą ilością mleka) i *café con leche condensada* (z mlekiem skondensowanym).
- Najpopularniejszą marką **piwa** jest Tropical, warzone na Gran Canarii i sprzedawane w butelkach lub z beczki. Większość barów poleca również duży wybór piw importowanych.
- Na Gran Canarii i pozostałych Wyspach Kanaryjskich produkuje się na niewielką skalę **wino**. Warto choć raz skosztować tutejszej małmazji (*malvasia*) – białego, słodkiego lub wytrawnego trunku z Lanzarote. Najlepsze hiszpańskie wina pochodzą z regionu La Rioja.
- Jedynym miejscowym **alkoholem wysokoprocentowym** jest rum Arucas, podstawowy składnik wielu likierów, takich jak *ron miel* (rum miodowy) czy *guindilla* (wiśniówka). Popularna jest również hiszpańska brandy, dodawana niekiedy do sangrii – mieszanki czerwonego wina z sokami owocowymi.
- W wielu restauracjach kelner zwyczajowo przynosi wraz z rachunkiem kieliszeczek **likieru**.

Najlepsze...

... ryby:
El Rincón de la Casa Vieja, Lomo Maspalomas, Carretera de Fataga (➤ 145);
El Padrino, Calle Jesús Nazareno 1, Las Colorades (➤ 71);
La Cofradía de Pescadores, Puerto de Mogán (➤ 146)
... dania mięsne:
Hao, Calle Tomás Arroyo Cardosa, Santa Lucía (➤ 119);
Las Cumbres, Avenida de Tirajana, Playa del Inglés (➤ 145);
Yolanda, Cruz de Tejeda (➤ 119)
... widoki:
La Silla, Carretera La Silla 9, Artenara (➤ 119);
Las Nasas, Calle Nuestra Señora de las Nieves 6, Puerto de las Nieves (➤ 100);
Tagoror, Montaña de las Tierras, Barranco de Guayadeque (➤ 145)
... *tapas*:
El Herreño, Calle Mendizábal 5, Las Palmas (➤ 71)
... dania wegetariańskie:
Hipócrates, Calle Colón 4, Las Palmas (➤ 72)

Zakupy

Mimo że Hiszpania jest członkiem Unii Europejskiej, Wyspy Kanaryjskie zachowały specjalny status strefy wolnego handlu, w której obowiązują minimalne cła importowe oraz VAT w wysokości zaledwie 4,5%.

Wiele artykułów codziennego użytku jest tutaj znacznie tańszych niż gdzie indziej. Niedrogie alkohole, wyroby tytoniowe, perfumy, biżuterię, odzież i sprzęt elektroniczny można kupić w sklepach wolnocłowych w Las Palmas i kurortach na południowym wybrzeżu.

W przeciwieństwie do krajów UE obowiązują tu ścisłe limity wywozowe: litr alkoholu wysokoprocentowego, 2 litry wina i 200 sztuk papierosów lub 50 cygar.

Sklepy

- Największy **wybór** sklepów jest w Las Palmas, zwłaszcza w kompleksach handlowych La Ballena i Las Arenas oraz przy Avenida Mesa y López, gdzie ulokowały się dwa domy towarowe największej hiszpańskiej sieci El Corte Inglés.
- **Centra handlowe** w Playa del Inglés są czynne siedem dni w tygodniu, ale sprzedaje się tutaj przede wszystkim towary tanie, niekoniecznie wysokiej jakości.
- **Supermarkety** we wszystkich miejscowościach wczasowych południowego wybrzeża oferują bardzo duży wybór artykułów spożywczych, zarówno miejscowych, jak i z importu.

Godziny otwarcia

- Większość sklepów jest czynna od poniedziałku do soboty w godzinach 10.00–13.30 i 16.30–20.00.
- Niektóre sklepy są zamknięte w soboty po południu, większość z nich w niedzielę.
- Większe domy towarowe i centra handlowe w Las Palmas działają przez cały dzień, a wiele sklepów na południowym wybrzeżu – codz. 10.00–22.00.

Praktyczne szczegóły

- Na targowiskach i w sklepach wolnocłowych **nie zaszkodzi się targować** – przy odrobinie wprawy udaje się nieraz obniżyć w ten sposób początkową cenę nawet o połowę.
- Niemal wszędzie można płacić **kartami kredytowymi**.
- W **hali odlotów na lotnisku** mieści się duży pasaż handlowy czynny przez całą noc, ale ceny są tu takie same jak gdzie indziej.

Co warto kupić

- Duży wybór **kanaryjskiego rękodzieła** po rozsądnych cenach oferują sklepy Fedac w Las Palmas i Playa del Inglés.
- Wyroby rzemieślnicze są też sprzedawane na cotygodniowych **targach** w różnych miejscowościach na wyspie.
- W Ingenio i Terorze wyplata się z liści palm i bananowców piękne **kosze** różnej wielkości.
- **Haftowane koronkowe obrusy** o geometrycznych wzorach to specjalność Ingenio, Agüimes i San Bartolomé de Tirajana. Można je kupić na targach w różnych miejscach na wyspie oraz w Museo de Piedras y Artesanía (muzeum rękodzieła) w Ingenio.
- Noży o kościanych rękojeściach zwanych ***naifes*** używali pierwotnie pasterze i robotnicy na plantacjach bananów, a dziś poszukują ich głównie kolekcjonerzy. Niektóre egzemplarze wyróżniają się kunsztownymi zdobieniami, przykładowo mosiężnymi inkrustacjami. Noże, produkowane w Santa Maria de Guía, są sprzedawane w sklepach Fedac w Las Palmas i Playa del Inglés.
- Na Gran Canarii nadal wytwarza się ręcznie **gliniane naczynia** bez użycia koła garncarskiego, tak jak w czasach Guanczów (► 13). Najważniejsze ośrodki produkcji to La Atalaya, Hoya de Pineda i Lugarejos. Oprócz przedmiotów codziennego użytku, takich jak misy, dzbany i talerze, dostępne są miniaturowe kopie bożków oraz biżuterii Guanczów z niezwykłymi *pintaderas* (terakotowe pieczęcie o geometrycznych wzorach).
- Do tradycyjnych **instrumentów muzycznych** należą *timple* (mała gitara o czterech lub pięciu strunach) i *chácaras* (kastaniety).
- Z nagrań **muzyki kanaryjskiej** warto polecić płyty takich znanych zespołów, jak Los Gofiones i Mestisay z Gran Canarii oraz Los Sabandeños z Teneryfy.
- Inne **popularne upominki** z Wysp Kanaryjskich to filcowe kapelusze i modele drewnianych balkonów.
- Z **artykułów spożywczych** dobrze znoszących długą podróż można wymienić miód palmowy, *bienmesabe* (syrop migdałowy), *mazapan* (ciasto migdałowe), dżem z bananów i kaktusów, suszone zioła, migdały oraz ostry sos *mojo* w słoikach (► 16).
- Upominkiem może być **kawa** z Agaete, **kanaryjskie wino** i **rum** Arucas.
- Na pobliskiej wyspie La Palma produkuje się **cygara** podobne do kubańskich, dostępne na całej Gran Canarii.
- Ponadto z soku aloesu wytwarza się na wyspie najróżniejsze **kosmetyki**: mydła, szampony i odżywki do skóry.

Najlepsze...

... sery:
Santiago Gil Romero, Santa Maria de Guía (► 101)
... ciastka:
Dulcería Nublo, Tejeda (► 120)
... wina:
La Bodeguilla Juananá, Puerto de Mogán (► 146)

Targi

- Dwa główne **targi spożywcze** w Las Palmas, Mercado de Vegueta (➤ 66) i Mercado Central (➤ 74), są czynne przez 6 dni w tygodniu od 8.00 do 14.00, podobnie jak **hale targowe** w Arucas i Gáldarze.
- Na wymienionych poniżej **cotygodniowych targach** (od wczesnego ranka do ok. 14.00) można kupić świeże produkty rolne, rękodzieło, pamiątki, tanią odzież i artykuły gospodarstwa domowego.
- Arguineguín (wt. i czw.)
- Arucas (sb.)
- Gáldar (czw.)
- Moya (nd.)
- Puerto de Mogán (pt.)
- San Bartolomé de Tirajana (nd.)
- San Fernando, Maspalomas (śr. i sb.)
- San Nicolás de Tolentino (nd.)
- Teror (nd.)
- Vecindario (śr.)
- Vega de San Mateo (nd.)

Rozrywka

Na Gran Canarii każdy znajdzie bez trudu i o każdej porze roku odpowiadającą mu formę rozrywki.

W Las Palmas tętni życiem scena muzyczna, na południowym wybrzeżu działają setki dyskotek i barów, zawsze też w którejś miejscowości na wyspie obchodzone jest jakieś lokalne święto. Bogatą ofertę rozrywkową zapewniają ponadto swym klientom hotele i biura turystyczne.

Informacji o imprezach najlepiej szukać w lokalnej prasie i biurach informacji turystycznej. Dwie najwartościowsze strony internetowe to www.canary.net oraz www.aicts.org. Dokładne kalendarium imprez jest zamieszczane w weekendowych wydaniach „Canarias 7" i „La Provincia".

Święta religijne i folklor

- Tradycyjne ***fiestas*** na Gran Canarii zachwycają bogatą oprawą. Zazwyczaj są to uroczyste obchody święta patrona danej miejscowości, ale elementy chrześcijańskie często przeplatają się w nich z pogańskimi rytuałami z czasów przedhiszpańskich.
- Obchody trwają zwykle około **tygodnia** i obejmują takie atrakcje, jak walki na kije, zapasy kanaryjskie (*lucha canaria*; ➤ 25), pokazy sztucznych ogni, popisy tancerzy, parady uliczne, zabawy dla dzieci, koncerty oraz procesje religijne.
- Na całej wyspie bardzo hucznie obchodzony jest **karnawał** (➤ 28), przy czym największe parady odbywają się w Las Palmas.
- **Inne święta religijne** omówiono obszernie na końcu każdego rozdziału. Z ważniejszych należy wspomnieć czerwcowe obchody Bożego Ciała w Las Palmas (➤ 76), Bajada de la Rama w Agaete w sierpniu (➤ 102), La Virgen de la Cuevita w Artenarze również w sierpniu (➤ 120), Fiesta del Charco w Puerto de la Aldea we wrześniu (➤ 149), Nuestra Señora del Rosario w Agüimes w październiku (➤ 149) oraz pielgrzymkę do Nuestra Señora La Virgen del Pino w Terorze we wrześniu (➤ 102).

- Kto nie trafi na żadne uroczystości religijne, ten może przynajmniej obejrzeć **tańce folklorystyczne** i posłuchać **kanaryjskiej muzyki ludowej** w każdą niedzielę o 11.30 w Pueblo Canario w Las Palmas (► 68).

Muzyka

- Dwie główne sale koncertowe na wyspie to **Alfredo Kraus Auditorio** w Las Palmas (☎ 928/491770; ► 70) i Las Tirajanas Auditorium w Maspalomas (☎ 928/128100).
- W Las Palmas i na wybrzeżu odbywają się także rozmaite **festiwale muzyki w plenerze**. O szczegółowy program tych koncertów i imprez towarzyszących najlepiej pytać w biurach informacji turystycznej, choć można je też znaleźć na plakatach.

Bary i kluby

- Najbogatszym **życiem nocnym** mogą się pochwalić Las Palmas i Playa del Inglés. W tej drugiej miejscowości działa też prężnie środowisko gejowskie, głównie w centrum Yumbo (► 148).
- Życie nocne na Gran Canarii zaczyna się późno i trwa do białego rana. Większość **barów** w Las Palmas i kurortach południowego wybrzeża jest czynna przynajmniej do 2.00 nad ranem, a **dyskoteki** i **kluby** zwykle do 6.00.

Kasyna

- Na Gran Canarii działają dwa **kasyna**. Casino Las Palmas (☎ 928/233908) można znaleźć w hotelu *Santa Catalina* w Las Palmas (► 41), a Casino Tamarindos Palace (☎ 928/762724) mieści się w *Meliá Tamarindos* w San Agustín.

Sport

Łagodny klimat i ciepłe morze sprawiają, że Gran Canaria jest prawdziwym rajem, zwłaszcza dla entuzjastów sportów wodnych.

Sporty wodne

Warunki do uprawiania sportów wodnych są idealne przez cały rok. Temperatura morza rzadko spada poniżej 19°C, a we wrześniu osiąga przeciętnie 23°C.

- **Żeglarstwo** i **windsurfing** najlepiej uprawia się na południowym wybrzeżu, gdzie działa kilka szkół i wypożyczalni sprzętu.
- **Początkujący** powinni się ograniczać do osłoniętych przystani na południowym zachodzie, takich jak Puerto Rico i Puerto de Mogán, natomiast **doświadczeni** windsurfingowcy mogą się zmierzyć z pasatami i potężnymi falami na południowym wschodzie.
- **Szkoła żeglarska** w Puerto Rico wychowała kilku mistrzów olimpijskich, a na Gran Canarii odbywały się już mistrzostwa świata w windsurfingu. Działają tu dwie szkoły windsurfingowe: Surfcenter Dunkerbeck w Playa del Águila (☎ 928/762958) i Club Mistral Canarias obok aeroklubu na pobliskiej Playa de Tarajalillo (☎ 928/774025).
- Aby zobaczyć w akcji **najlepszych mistrzów windsurfingu**, trzeba poczekać do lata, kiedy wiatr osiąga prędkość 60 km/godz. (7 stopni w skali Beauforta). Warto wówczas odwiedzić Pozo Izquierdo na południowo-wschodnim wybrzeżu.
- Dużą popularnością cieszy się także **surfing**, zwłaszcza na Playa de las Canteras w Las Palmas (► 70) oraz wzdłuż północnego wybrzeża w San Andrés i Gáldarze (► 98). Na południu dwa najlepsze miejsca to Playa de las Burras w San Agustín (► 159) i Playa de las Mujeres w Maspalomas (► 135). Deski można wypożyczyć na każdej z tych plaż. Najsilniejsze fale występują zwykle od września do marca.

- Innym popularnym sportem wodnym jest **nurkowanie z akwalungiem**. Na płetwonurków czekają tropikalne ryby, wraki i podmorskie jaskinie.
- W każdej większej miejscowości wypoczynkowej działają koncesjonowane **szkoły nurkowania**, oferujące kursy dla początkujących, dzieci powyżej 8 roku życia i zaawansowanych. Większość osób zaczyna od osłoniętych przystani na południowym zachodzie i dopiero później wybiera się na pełne morze.
- Najlepszym **miejscem do nurkowania** jest podwodny rezerwat przyrody El Cabrón, na wysokości wschodniego wybrzeża. Bardzo ładna jest także Sardina (➤ 98), La Isleta (Las Palmas) oraz Pasito Blanco. Niektóre szkoły nurkowania organizują wyprawy do wymienionych rewirów.
- W większości szkół można ponadto wypożyczać **maski z rurką i płetwy**.
- W większych kurortach na południowym wybrzeżu na poszukiwaczy mocnych wrażeń czekają takie atrakcje, jak **narty wodne**, **skutery wodne** i **paralotnie**. Działają także wypożyczalnie **rowerów wodnych**, doskonałych zwłaszcza dla osób z małymi dziećmi.
- Ze względu na wysoką temperaturę wody **kąpiel w oceanie** jest możliwa przez cały rok. Plaże na południowym wybrzeżu są na ogół spokojne, ale Atlantyk bywa nieprzewidywalny, dlatego zawsze trzeba mieć dzieci na oku.
- Na większych **plażach** czuwają ratownicy i wywieszane są flagi informujące o warunkach pogodowych (czerwona oznacza, że pływanie jest niebezpieczne).
- Przy większości hoteli i apartamentowców wybudowano **baseny kąpielowe**; często obok są także osobne brodziki dla dzieci.

Inne formy aktywnego wypoczynku

- Z przystani w Puerto Rico można się wybrać łodzią na wyprawę **wędkarską** na pełne morze (➤ 142). Bardzo przyjemnie wędkuje się także na pomostach i nabrzeżach w takich portach, jak Puerto de la Aldea czy Puerto de Mogán.
- Chcąc łowić ryby w **zbiornikach śródlądowych**, trzeba wykupić zezwolenie (o szczegóły należy pytać w biurach informacji turystycznej).
- Coraz większą popularnością cieszy się **golf**, a miłośnicy tej dyscypliny sportowej z północnej Europy uciekają tu chętnie przed zimą i mrozami. Na Gran Canarii działa aktualnie sześć pól golfowych i powstają kolejne. Real Club de Golf de Las Palmas (➤ 102), najstarszy klub golfowy w Hiszpanii, można znaleźć w Caldera de Bandama. Inne pola są zlokalizowane w Maspalomas, El Salobre i Telde. W El Salobre w budowie jest drugie pole z 9 dołkami (godziny otwarcia i inne informacje: ☎ 828/061828).
- **Piesze wycieczki** po górach ułatwiło odbudowanie sieci tzw. *caminos reales* (królewskie ścieżki), czyli średniowiecznych traktów, będących niegdyś głównymi szlakami komunikacyjnymi na wyspie. W terenie górskim mogą panować zupełnie inne warunki niż na wybrzeżu, dlatego nawet latem trzeba wziąć ze sobą ciepłą odzież, solidne buty, a także zapas jedzenia i picia oraz dokładną mapę.

Sporty widowiskowe

- Mecze **piłki nożnej** są rozgrywane na Estadio Insular w Las Palmas, gdzie drużyna UD Las Palmas podejmuje od września do czerwca zespoły ligi hiszpańskiej. Największym zainteresowaniem kibiców cieszą się mecze z rywalami z Teneryfy.
- Walki ***lucha canaria*** (kanaryjskie zapasy; ➤ 25) są organizowane niemal każdego tygodnia na ringach na całej wyspie. O szczegóły należy pytać w biurach informacji turystycznej albo szukać ich w lokalnej prasie.
- W weekendy od kwietnia do października nabrzeże w Las Palmas jest miejscem regat **Vela Latina** (jachty z ożaglowaniem łacińskim; ➤ 76).

Las Palmas

Orientacja w terenie

Zatłoczone, kosmopolityczne i pełne oczekiwań Las Palmas to jedyne miejsce na Wyspach Kanaryjskich o wielkomiejskim charakterze. Jak każda metropolia boryka się z zanieczyszczeniem środowiska, dużym ruchem na ulicach i przestępczością, co rekompensują świetne restauracje i sklepy oraz bujne życie kulturalne. W Las Palmas można znaleźć wszystko – od muzeów i zabytków w dzielnicy Vegueta po gwarne nowoczesne śródmieście w rejonie portu.

Las Palmas przypomina nieco smukłą jaszczurkę rozciągniętą wzdłuż północno-wschodniego krańca wyspy. Ten specyficzny kształt sprawia, że miejscowość wydaje się jeszcze większa niż w rzeczywistości – starówka jest oddalona od nowoczesnego centrum o przeszło 5 km.

Stolicę Gran Canarii najwygodniej zwiedzać dzielnica po dzielnicy, przemieszczając się między nimi autobusami. Najstarszą częścią miasta jest Vegueta, urzekająca brukowanymi zaułkami, ocienionymi placami i kolonialną architekturą. Las Palmas założył w 1478 r. konkwistador Juan Rejón na łące (*vegueta*) pod palmami (*las palmas*) obok wąwozu Guiniguada.

Sąsiednia Triana, zbudowana w XVI–XX w., to przyjemna dzielnica teatrów, ruchliwych ulic handlowych i barów na wolnym powietrzu. Na północ od Parque San Telmo długa ulica prowadzi przez dzielnice mieszkalne do Parque Santa Catalina, który wyznacza centrum współczesnego Las Palmas. Niedaleko stąd rozciąga się Playa de las Canteras, uważana za jedną z najpiękniejszych plaż miejskich na świecie. Za Puerto de la Luz, największym portem w Hiszpanii, wznoszą się malowniczo wulkaniczne szczyty na

Str. 51: Jachty w przystani w Las Palmas

Poniżej: Playa de las Canteras to najstarszy nadmorski kurort na Gran Canarii

Po prawej: Modernistyczna kawiarenka w Parque San Telmo

★ Trzeba zobaczyć

- **2** **Museo Canario** ➤ 56
- **3** **Catedral de Santa Ana** ➤ 60
- **4** **Casa de Colón** ➤ 63

W wolnym czasie

- **1** Mercado de Vegueta ➤ 66
- **5** Centro Atlántico de Arte Moderno ➤ 66
- **6** Casa Museo Pérez Galdós ➤ 66
- **7** Parque San Telmo ➤ 67
- **8** Calle Mayor de Triana ➤ 67
- **9** Pueblo Canario ➤ 68
- **10** Parque Santa Catalina ➤ 69
- **11** Museo Elder ➤ 69
- **12** Playa de las Canteras ➤ 70

La Isleta. Do XIX w. była to autentyczna wyspa, dwa razy dziennie odcinana przypływami od reszty Gran Canarii, z którą dziś łączy ją port zbudowany na terenach wydartych morzu.

Duże odległości sprawiają, że nie jest to miasto do spacerowania – wyjątek stanowi nadbrzeżna Avenida Marítima. Przyglądając się z promenady wpływającym do portu i wypływającym promom, tankowcom, statkom wycieczkowym, okrętom marynarki wojennej, jachtom i żaglówkom, trudno nie zadumać się nad historycznym znaczeniem Las Palmas jako ośrodka położonego na styku kultur i przecięciu szlaków międzykontynentalnych.

Ranek najlepiej poświęcić zabytkom, a popołudnie rozrywce.

Las Palmas w jeden dzień

9.00

Na początek spacer po dzielnicy Vegueta. W każdy dzień prócz niedzieli można zajrzeć na 1 **Mercado de Vegueta** (➤ 66), gdzie robią zakupy mieszkańcy Las Palmas. Potem warto odwiedzić fascynujące 2 **Museo Canario** (➤ 56), by dowiedzieć się czegoś więcej o najstarszych mieszkańcach wyspy, Guanczach.

11.00

Po wizycie na zacisznym dziedzińcu 3 **Catedral de Santa Ana** (➤ 60; po lewej) nie zaszkodzi wstąpić do 4 **Casa de Colón** (➤ 63; poniżej – gargulec na ścianie budynku), aby poznać historię Las Palmas.

12.00

Południe to doskonała pora na zwiedzenie 5 **Centro Atlántico de Arte Moderno** (➤ 66) z kolekcją współczesnej sztuki artystów z Las Palmas i Wysp Kanaryjskich. Potem można się czegoś napić w którejś z kawiarni przy Plaza de Cairasco albo pooglądać wystawy sklepowe w rejonie 8 **Calle Mayor de Triana** (➤ 67).

13.00

Na wykwintny obiad przy stoliku na dziedzińcu najlepiej wybrać się do ***Casa Montesdeoca*** (➤ 71), a na coś skromniejszego do ***El Herreño*** (➤ 71), gdzie podają świetne *tapas*.

14.30

Autobus #1 z Parque San Telmo pozwala dojechać do śródmieścia. Po drodze warto wysiąść przy 9 **Pueblo Canario** (► 68) i obejrzeć tę niezwykłą kanaryjską „wioskę" w centrum miasta. W niedziele o 11.30 odbywają się tu pokazy tańców ludowych z Wysp Kanaryjskich (powyżej). Dalej autobusem #1 dojeżdża się na Calle Alfredo L. Jones, pomiędzy 10 **Parque Santa Catalina** (► 69) a Playa de las Canteras.

16.00

Koło Parque Santa Catalina można wsiąść do **autobusu Guagua Turística** (► 38), a potem wybrać się do interaktywnego 11 **Museo Elder** (► 69) w tymże parku. Tych, którzy mają już dość zwiedzania, z pewnością zainteresuje piękna piaszczysta 12 **Playa de las Canteras** (► 70). Warto też pospacerować po promenadzie (po lewej).

19.30

Taksówką można pojechać na La Isleta, by zjeść kolację w ***El Padrino*** (► 71), podziwiając widoczne poniżej światła miasta.

2

Museo Canario

Kto ma czas czy ochotę na odwiedzenie najwyżej jednego muzeum na Gran Canarii, powinien się wybrać właśnie tutaj. Museo Canario to fascynujące wprowadzenie do kultury i codziennego życia Guanczów. W muzeum jest przechowywana także świetna kolekcja doskonale zachowanych mumii, których odkrycie może dowodzić związków między Guanczami a starożytnym Egiptem.

Muzeum założył w 1879 r. w oparciu o własne zbiory dr Gregorio Chil. Początkowo ekspozycja mieściła się w wynajętym lokalu w dawnym ratuszu. Dr Chil zmarł w 1901 r., zapisując całą kolekcję i swój dom miastu. Do obecnego budynku muzeum przeniesiono w 1923 r., a po usunięciu działu historii naturalnej jest ono niemal wyłącznie poświęcone archeologii i życiu Guanczów, którzy zamieszkiwali Gran Canarię w okresie mniej więcej od 500 r. p.n.e. do 1500 r. n.e.

Eksponaty zebrano w jedenastu galeriach na dwóch kondygnacjach i najlepiej zwiedzać wszystko po kolei, na co trzeba przeznaczyć minimum godzinę. W pierwszej sali umieszczono m.in. modele kamiennej chaty z Telde i jaskiniowej wioski. Guanczów powszechnie uważa się za

Szlak Guanczów

Kto po wizycie w Museo Canario zainteresował się kulturą i historią Guanczów, najstarszych mieszkańców wyspy, może odwiedzić jeszcze:

- Barranco de Guayadeque (➤ 126)
- Cenobio de Valerón (➤ 90)
- Cuatro Puertas (➤ 95)
- Mundo Aborigen (➤ 140)
- Roque Bentaiga (➤ 110)

jaskiniowców, w rzeczywistości jednak mieszkali oni w rozmaitych miejscach, nie tylko naturalnych jaskiniach, ale także sztucznie wykutych grotach oraz murowanych domach z kamiennymi bądź krytymi strzechą dachami.

Za niewielkim korytarzem, w którym wystawiono kamienne narzędzia (m.in. topory i żarna), urządzono galerię poświęconą **gospodarce Guanczów**. Najstarsi mieszkańcy Gran Canarii hodowali świnie i kozy, uprawiali jęczmień, łowili także skorupiaki, a z ich muszli wyrabiali ozdoby. O wszystkim można się dowiedzieć z realistycznie przedstawionych scenek z codziennego życia.

Archeolodzy poszukują związków między Guanczami a starożytnym Egiptem

Następna sala jest poświęcona **magii i religii**, dwóm dziedzinom życia Guanczów, których zapewne nigdy nie uda się poznać do końca. Według relacji pierwszych najeźdźców, czcili oni bóstwo o imieniu Alcorán, a ich religia związana była przede wszystkim z zaklinaniem deszczu i kultem płodności. Potwierdzają to niektóre z prezentowanych bożków, terakotowe figurki o cechach ludzkich i zwierzęcych, z wyraziście przedstawionymi kobiecymi narządami płciowymi. Najbardziej znana jest **bogini z Tary** – barwiony ochrą posążek o nienaturalnie dużych piersiach, zapewne symbolizujący boginię ziemi.

Znaczenie religijne prawdopodobnie miały też motywy geometryczne, takie jak koła, będące wyobrażeniem słońca, czy trójkąty, przedstawiające ziemię, morze i niebo. W muzeum odtworzono Cueva Pintada (Malowana Jaskinia) z **Gáldaru** (► 98), której ściany są pokryte czerwono-czarnymi kołami, spiralami, trójkątami, zygzakami i kwadratami. Obok można obejrzeć bogatą kolekcję *pintaderas* – terakotowych i drewnianych pieczęci o skomplikowanych motywach geometrycznych, służących zapewne do wykonywania tatuaży albo do oznaczania własności.

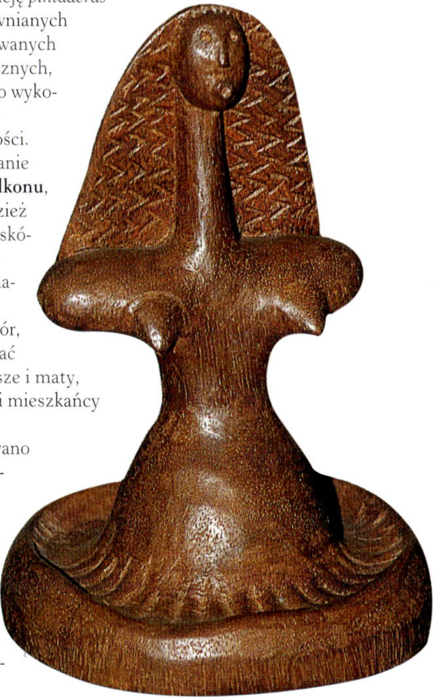

Na piętrze zwiedzanie rozpoczyna się od **balkonu**, gdzie wystawiono odzież i inne przedmioty ze skóry lub włókien roślinnych. Guanczowie znakomicie opanowali sztukę garbowania skór, potrafili także wyplatać z palmowych liści kosze i maty, podobnie jak dzisiejsi mieszkańcy Gran Canarii.

Dalej zaprezentowano najbardziej fascynującą, a zarazem makabryczną część kolekcji, poświęconą **śmierci i sztuce mumifikacji zwłok**. Zdaniem niektórych, tej ostatniej umiejętności Guanczowie na-

Dla przedhiszpańskiej cywilizacji na Gran Canarii charakterystyczne są symbole płodności

uczyli się od starożytnych Egipcjan. Ciała zmarłych obmywano w morzu, usuwano z nich narządy wewnętrzne i pozostawiano do wyschnięcia na słońcu. Następnie owijano je w całun ze skóry lub sitowia i umieszczano w jaskini na deskach, tak by nie stykały się z ziemią. W jednej z galerii zrekonstruowano taką jaskinię grobową i zaprezentowano kilka kompletnych mumii, mierzących do 183 cm wysokości, co potwierdza, że Guanczowie odznaczali się wyjątkowo wysokim wzrostem.

Wzdłuż ścian tej samej sali umieszczono rzędy **kromaniońskich czaszek**. Kilka z nich nosi wyraźne ślady prymitywnej trepanacji, za pomocą której leczono ciężko rannych w walce, a także epileptyków.

Guanczowie zdobili ceramikę motywami geometrycznymi

W ostatnich galeriach zebrano przykłady **ceramiki przedhiszpańskiej**, podkreślając jej związki z czasami współczesnymi. Guanczowie produkowali gliniane naczynia bez użycia koła garncarskiego, uzyskując pożądane kształty za pomocą kości, muszli i bambusowych kijów. I tutaj pojawiają się znajome motywy geometryczne namalowane czerwoną ochrą i tworzące skomplikowane wzory. Tradycyjną ceramikę Guanczów nadal wytwarza się w wiosce La Atalaya (► 83).

Wystawione w rzędach czaszki wyglądają dość makabrycznie

Mumie znalezione na Gran Canarii

Wenecki podróżnik Luigi de Cadamosto tak pisał w 1455 r.: „Synowie Gran Canarii są niezwykle sprytni i potrafią z największą zwinnością przeskoczyć szeroką przepaść, a kamieniem rzucają tak zręcznie, że nigdy nie chybiają celu".

CHWILA RELAKSU

W *Café del Real* (Calle Dr Chil 19), za rogiem od wejścia do muzeum, podają kawę, kanapki i lekkie przekąski.

183 E1
Calle Dr Verneau 2
928/336800
pn.–pt. 10.00–20.00, sb. i nd. 10.00–14.00
#1 do Teatro Pérez Galdós; #2, 3 do Alameda de Colón
Niedrogo

MUSEO CANARIO: WARTO WIEDZIEĆ

Dobre rady Opisy w salach są tylko po hiszpańsku, ale sklepik oferuje przewodniki w innych językach. Sporadycznie (najczęściej w pt. o 11.00) muzeum można zwiedzać **w grupie z przewodnikiem** hiszpańskojęzycznym.
• **Sklepik** poleca też duży wybór książek o Wyspach Kanaryjskich oraz rozmaite reprodukcje sztuki Guanczów – największą popularnością cieszą się posążki bogini z Tary.

Ukryty skarb Warto obejrzeć zbiory **starych map** w czytelni, pochodzących niekiedy jeszcze z czasów Kolumba.

Więcej szczegółów W muzeum jest także **biblioteka i archiwum** (pn.–pt. 10.00–20.00) z ponad 40 tys. książek i dokumentów.

3

Catedral de Santa Ana

Imponująca neoklasyczna fasada największego kościoła na Wyspach Kanaryjskich góruje nad dzielnicą Vegueta, przy ładnym placu o tej samej nazwie. Budowę rozpoczęto w 1497 r., a ukończono po przeszło 400 latach, stąd w architekturze świątyni można odnaleźć elementy stylu gotyckiego, renesansowego, barokowego i neoklasycznego.

Wyjąwszy wiernych zdążających na mszę, do środka wchodzi się przez boczne **Patio de los Naranjos** (Patio Drzew Pomarańczowych). Wzdłuż dwóch ścian tego pięknego dziedzińca w stylu kanaryjskim (koniec XVI w.) ciągną się drewniane galerie. Warto zwrócić uwagę na ceramiczną tablicę poświęconą kanaryjskim biskupom, którzy prowadzili działalność misyjną w Ameryce. To jeszcze jeden dowód bliskich związków wysp z hiszpańską Ameryką Łacińską w ciągu ostatnich pięciu stuleci.

Z dziedzińca prowadzi także wejście do **Museo Diocesano** (Muzeum Diecezjalne), gdzie można obejrzeć kolekcję sztuki sakralnej. Schody wiodą do **Sala Capitular** (kapitularz) z podłogą wyłożoną ręcznie wykonanymi płytkami, co stanowi rzadkość na Wyspach Kanaryjskich. W pomieszczeniu tym zostały również umieszczone rzeźby znanego kana-

Pięć wieków kontaktów Wysp Kanaryjskich z Ameryką

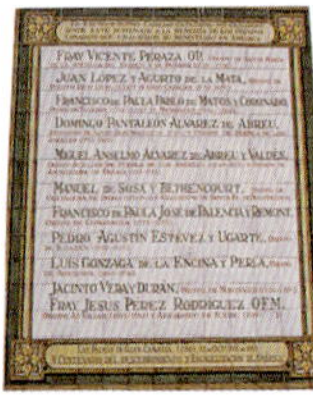

Katedrze przywrócono dawną świetność

Po lewej: Patio de los Naranjos

ryjskiego artysty Lujána Péreza. W pozostałych salach zgromadzono obrazy i meble, m.in. XVIII-wieczny tron autorstwa kanaryjskiego złotnika José Eugenia.

Przez XVI-wieczną Puerta del Aire wchodzi się do rozświetlonego i przestronnego wnętrza **głównej katedry**, niedawno poddanej gruntownej renowacji, po której oryginalne gotyckie kolumny z szarego bazaltu odzyskały dawny blask. Na kościół składają się trzy nawy identycznej wysokości oraz boczne kaplice z grobowcami rozmaitych biskupów, a także poety Bartolomé Cairasco (1538–1610), historyka José de Viera y Clavijo (1731–1813) i dyplomaty Fernando de León y Castillo (1842–1918). Na płycie nagrobnej tego ostatniego wyliczono skrupulatnie wszystkie jego tytuły i zaznaczono, że zmarły pragnął zostać pochowany wśród swych ziomków na Gran Canarii. Postaci świętych pod kopułą wyrzeźbił Luján Pérez. Dziełem artysty jest także fasada katedry z końca XIX stulecia.

Osobny bilet uprawnia do wstępu na **wieżę**. Na platformę widokową wyjeżdża się windą, ale można się wspiąć schodami jeszcze wyżej, skąd roztacza się piękniejsza panorama. W dole widać Plaza de Santa Ana, główny plac starego miasta, z gustownymi latarniami, rzeźbionymi w brązie psami, palmami i renesansowymi rezydencjami.

W czerwcu, w święto **Bożego Ciała** (► 76) na placu można podziwiać dywan wykonany z kwiatów, a kiedy z katedry rusza ulicami procesja, mieszkańcy sąsiednich domów sypią na nią z balkonów płatki kwiatów.

Z wieży wspaniale widać dachy miasta

CHWILA RELAKSU

Najlepiej usiąść w jednej z ulicznych kawiarni na **Plaza de Cairasco**, kilka kroków od katedry, po drugiej stronie głównej ulicy oddzielającej Veguetę od Triany.

183 E1
Plaza de Santa Ana (wejście od Calle Espíritu Santo 20)
928/314989
Katedra codz. 9.00–20.00, muzeum pn.–pt. 10.00–16.30, sb. 10.00–13.30
#1 do Teatro Pérez Galdós; #2, 3 do Alameda de Colón
Niedrogo

CATEDRAL DE SANTA ANA: WARTO WIEDZIEĆ

Dobre rady Do katedry można wejść **za darmo** podczas mszy w niedzielę rano, tyle że zamknięte jest wówczas muzeum i Patio de los Naranjos.

Ukryty skarb Warto poszukać ***Drogi Krzyżowej*** Jésusa Arencibii, niezwykłego cyklu czarno-białych grafik z lat 60. XX w., wystawionych w galerii najbliżej wejścia z dziedzińca.

Można pominąć Jeśli komuś się spieszy, może po obejrzeniu kapitularza podarować sobie resztę **Museo Diocesano**.

4

Casa de Colón

Masywne drzwi jednego z najstarszych domów w Las Palmas prowadzą na chłodny dziedziniec, na którym balkony z ciemnego drewna otaczają renesansowe patio, a para krzykliwych papug strzeże zabytkowej murowanej studni. Jeśli Krzysztof Kolumb postawił kiedykolwiek nogę w Las Palmas, niemal na pewno mieszkał tutaj. Historycy wciąż spierają się o szczegóły jego podróży, ale na ogół są zgodni co do tego, że zatrzymał się w mieście podczas pierwszego rejsu do Nowego Świata w 1492 r., kiedy to odkrył Kubę. Jako żeglarzowi w służbie króla przysługiwał mu nocleg w rezydencji gubernatora, będącej jednym z pierwszych budynków wzniesionych w Las Palmas po podboju wyspy przez Hiszpanów w roku 1478.

Być może w tym domu nocował Krzysztof Kolumb

Bez względu na fakty historyczne Casa de Colón (Colón to hiszpańska pisownia nazwiska Kolumba) zasługuje na uwagę jako jeden z najpiękniejszych przykładów tradycyjnej architektury kanaryjskiej, z rzeźbionymi kamiennymi portalami, balkonami i bogato zdobionymi fasadami. Wewnątrz urządzono muzeum poświęcone Kolumbowi – nie ma tu co prawda osobistych pamiątek po słynnym żeglarzu, ale można się sporo dowiedzieć o jego podróżach, historii Wysp Kanaryjskich oraz ich roli jako pomostu między Europą a Ameryką.

Przede wszystkim warto obejrzeć **pomieszczenia na parterze**, gdzie umieszczono najciekawsze eksponaty związane z Kolum-

bem i jego odkryciami. Wśród map morskich, instrumentów nawigacyjnych i modeli statków kryją się rzeczy szczególnie godne uwagi:

• rekonstrukcja **kajuty** Kolumba na karaweli „Santa Maria";

• **dziennik okrętowy** z pierwszej podróży do Nowego Świata, z wpisem o zawinięciu do portu Las Palmas w celu dokonania napraw;

• **pieczęcie traktatu z Tordesillas** (1494), który podzielił nowo odkryte lądy po obu stronach Atlantyku między Hiszpanię i Portugalię;

• **mapa** świata z 1500 r., wykonana przez hiszpańskiego kartografa Juana de la Cosę, który towarzyszył Kolumbowi w pierwszych wyprawach (zaznaczono na niej odkryte wówczas fragmenty Ameryki).

W **galeriach na piętrze** zebrano eksponaty poświęcone historii Las Palmas oraz kolekcję malarstwa od XVI do XX w., wypożyczoną z madryckiego Muzeum Prado.

Krzysztof Kolumb – hiszpański bohater urodzony we Włoszech

Drewniane balkony są typowe dla tradycyjnych domów kanaryjskich

Powyżej: Dzieciom najbardziej podobają się modele statków i średniowieczne mapy

Przystanek

Ze względu na pasaty, które ułatwiają morską podróż na zachód, Wyspy Kanaryjskie były często przystankiem w drodze z Europy do Ameryki.

Po prawej: Kolumb odwiedził Gran Canarię trzy razy

CHWILA RELAKSU

Na lancz zaprasza ***El Herreño*** (➤ 71; kanaryjskie *tapas*) lub restauracja ***Hipócrates*** (➤ 72; dania wegetariańskie).

183 E1 ✉ Calle Colón 1 ☎ 928/312373 🕓 pn.–pt. 9.00–19.00, sb. i nd. do 15.00 🚌 #1 do Teatro Pérez Galdós; #2, 3 do Alameda de Colón Bezpł.

CASA DE COLÓN: WARTO WIEDZIEĆ

Ukryty skarb W **krypcie** wystawiono rozmaite przedmioty z okresu prekolumbijskiego, ukazujące bogactwo rdzennych kultur amerykańskich. Można tu obejrzeć m.in. ekwadorskie symbole płodności z 500 r. p.n.e., kopie ceramiki Azteków i Majów oraz kosze wykonane w XX w. przez „prekolumbijskich" Indian Yanomani z Brazylii.

Można pominąć Kto ma mało czasu, może zrezygnować z oglądania **kolekcji malarstwa z Prado**, która prócz kilku sztychów Goi i *Madonny z Dzieciątkiem* Luisa de Menéndeza składa się z dzieł raczej mało znaczących.

W wolnym czasie

1 Mercado de Vegueta

Wizyta na najstarszym targowisku w Las Palmas, gdzie od wczesnego rana panuje wielki ruch, to świetna okazja, by poznać bliżej różnorodność produktów spożywczych dostępnych na Gran Canarii. To tutaj robią zakupy mieszkańcy miasta. Na zewnętrznych straganach handluje się rybami z Atlantyku, takimi jak sola, *sama* czy *cherne*, ośmiornicami i kałamarnicami. Obok można kupić banany, ziemniaki, pomidory, mango, awokado i figi. Gdzie indziej sprzedaje się kanaryjskie sery, np. *queso de flor* z Guía czy posypane papryką kozie serki z Fuerteventury.

Dookoła targu czynnych jest mnóstwo barów z *tapas* oraz *churrerias*, do których przychodzi się po zakupach na *churros* (rodzaj niewielkich pączków) z kubkiem kawy albo czekolady. Koniecznie trzeba odwiedzić działającą nieprzerwanie od 1948 r. *Churreria Mayda*. Mercado de Vegueta zwano kiedyś „targiem czterdziestu złodziei", podobno od liczby straganów.

183 E1 ✉ Róg Plaza del Mercado i Calle Mendizábal 🕐 pn.–sb. 8.00–14.00 🚌 #1 do Teatro Pérez Galdós

5 Centro Atlántico de Arte Moderno (CAMM)

XVIII-wieczna fasada typowego zabytkowego domu na starówce skrywa muzeum sztuki nowoczesnej, którego wnętrza lśnią bielą ścian i światłem wpadającym przez szklany dach. Otwarta w 1989 r. placówka wyrosła na najważniejszy ośrodek życia kulturalnego w dzisiejszym Las Palmas. Regularnie odbywają się tutaj wystawy czasowe, ale największy nacisk kładzie się na prezentację sztuki kanaryjskiej oraz związków między kulturą Europy, Afryki i Ameryki. W osobnej galerii przy Plaza de San Antonio Abad, niedaleko Casa de Colón, przedstawiane są prace młodych artystów z Wysp Kanaryjskich.

183 E1 ✉ Calle de los Balcones 9–11 ☎ 928/311824 🕐 wt.–sb. 10.00–21.00, nd. 10.00–14.00 🚌 #1 do Teatro Pérez Galdós; #2, 3 do Alameda de Colón Bezpł.

6 Casa Museo Pérez Galdós

W tym typowym XVIII-wiecznym kanaryjskim domu urodził się Benito Pérez Galdós (1843–1920), najwybitniejszy powieściopisarz z Wysp Kanaryjskich i czołowy przedstawiciel hiszpańskiego realizmu, porównywany z Balzakiem i Dickensem. Jego najbardziej

Na Mercado de Vegueta można kupić m.in. świeże ryby i owoce morza

Parque San Telmo to doskonałe miejsce zabaw dla dzieci

znanym dziełem jest cykl powieści historycznych *Episodios nacionales*, ukazujący barwny portret XIX-wiecznej Hiszpanii. Pisarz wyjechał z Las Palmas w wieku 19 lat i nigdy tu nie wrócił, ale wyspiarze są z niego niezwykle dumni. W muzeum urządzonym w jego rodzinnym domu zgromadzono rozmaite pamiątki, od autentycznej kołyski (Pérez Galdós był najmłodszym z dziesięciorga dzieci) po maskę pośmiertną, a także rękopisy i meble. Odtworzono również sypialnię i gabinet z mieszkań pisarza w Madrycie i Santanderze. Na dziedzińcu stoi pomnik Galdósa, którego kopia została umieszczona na szczycie dworca autobusowego w Parque San Telmo.

183 E2 Calle Cano 6 928/366976 pn.–pt. 9.00–19.00 (zwiedzanie co godz.) #1, 11 do Parque San Telmo Bezpł.

7 Parque San Telmo

Najładniejszy z parków w Las Palmas większości przyjezdnych ukazuje się jako pierwszy, kiedy tylko wysiądą na dworcu z autobusu. W cieniu pod palmami można znaleźć ławki i plac zabaw dla dzieci, ale największą atrakcję stanowi umieszczona pośrodku estrada dla orkiestry oraz secesyjna kawiarnia (czynna tylko w ciągu dnia) w pawilonie ozdobionym fajansowymi płytkami. Park założono nad niewielką morską zatoczką, którą zasypano potem przy budowie dworca autobusowego i autostrady. Kaplica w południowo-zachodnim narożniku jest poświęcona marynarzom i rybakom. Wewnątrz pod kasetonowym sufitem wiszą modele statków.

Niedaleko stąd był sztab, z którego generał Franco rozpoczął w 1936 r. wojnę domową. Pamiątkowa tablica wskazuje miejsce, w którym ogłosił rebelię „dla ocalenia Hiszpanii".

183 E3 #1, 11

8 Calle Mayor de Triana

Pierwsza ulica w Las Palmas, którą zamknięto dla samochodów jeszcze w latach 70. XX w., jest dziś popularnym miejscem spacerów. Najlepiej przyjść tu w porze wieczornego *paseo* (ok. 18.00–20.00), kiedy przed tłumami przechodniów występują uliczni muzycy.

Cztery najpiękniejsze pomniki

- Skaczący Guancz w ogrodach hotelu *Santa Catalina* (► 41)
- Popiersie Krzysztofa Kolumba, Alameda de Colón
- Pomnik Péreza Galdósa, Plaza de la Feria
- Pomnik rolników kanaryjskich, Plaza de España

Chcąc na siedząco obejrzeć występy tancerzy w Pueblo Canario, trzeba przyjść jak najwcześniej

Do niedawna była to także główna ulica handlowa miasta, zwracająca uwagę różnorodnością stylów architektonicznych (m.in. kilka secesyjnych witryn sklepowych). Największe domy towarowe przeniosły się co prawda gdzie indziej, ale nadal jest to bardzo przyjemne miejsce na zakupy, a przy sąsiednich uliczkach nie brakuje sklepów z rzemiosłem artystycznym i eleganckich butików.

183 E2 #1, 11 do Parque San Telmo

9 Pueblo Canario

Ta „wioska" tradycyjnych domów w sercu nowoczesnej metropolii może sprawiać wrażenie typowej pułapki na turystów, ale stworzono ją jako coś zupełnie przeciwnego, próbując ocalić przed zalewem gości kanaryjską kulturę i architekturę. W pokazach tańców ludowych (nd. rano), organizowanych głównie dla reagującej z entuzjazmem hiszpańskiej publiki, nie ma nic sztucznego. Tancerki występują w białych gorsetach i długich, luźnych sukniach, mężczyźni zaś noszą haftowane kamizelki, białe koszule i podkolanówki. Repertuar jest różnorodny, od skocznych przyśpiewek po melancholijne pieśni, ale dominują w nim klasyczne utwory kanaryjskie.

Cały kompleks zaprojektował modernista Néstor Martín Fernández de la Torre (1887–1938). Prace artysty można oglądać w Museo Néstor. Do najważniejszych dzieł należy epicki cykl *Poema del Atlántico* (*Poemat atlantycki*), w którym obrazy oceanu splatają się ze scenami z mitologii, oraz niedokończony *Poema de la Tierra* (*Poemat ziemski*),

Strzeż się tych miejsc!

Las Palmas to miasto portowe. Nocą lepiej zrezygnować z wizyty w rejonie między Parque Santa Catalina a plażą.

Ciudad Jardín

Dzielnicę Las Palmas o nazwie Ciudad Jardín zbudowali w XIX w. brytyjscy kupcy w stylu kolonialnego „miasta-ogrodu". Do dziś mieszka tutaj spora społeczność Brytyjczyków, którzy spotykają się we własnym klubie (British Club, Calle León y Castillo 274) i pobliskim kościele Trójcy Świętej (Holy Trinity Church, róg Calle Brasil i Calle Rafael Ramírez).

łączący tematykę erotyczną ze studiami nad florą Wysp Kanaryjskich.

183 D5 Parque Doramas
Występy tancerzy nd. 11.30
#1 Bezpł., kawiarnia i restauracja – ceny umiarkowane

Museo Néstor
183 D5 928/245135
wt.–pt. 10.00–20.00, nd. 10.30–14.30 Ceny umiarkowane

10 Parque Santa Catalina

Duży, otwarty park bardziej przypomina plac, który w tym rozległym mieście pełni funkcję centrum. Kawiarnie, kioski z gazetami, sklepy i boiska sportowe sprawiają, że przez całą dobę jest tutaj gwarno i tłoczno. W parku, w tłumie turystów, marynarzy, pucybutów, naciągaczy wszelkiej maści, murzyńskich handlarzy i emerytów grających w cieniu palm w domino czy szachy, najbardziej widać kosmopolityczny charakter Las Palmas.

W dzień cały ten obszar zamienia się w jeden wielki bazar, na którym chińskie, hinduskie i rosyjskie sklepy oferują po superatrakcyjnych cenach sprzęt elektroniczny z portu wolnocłowego. Przy placu jest także Museo Elder, ponadto odjeżdża stąd autobus wycieczkowy Guagua Turística (► 38).

182 B4 #1, 2, 3

Przy kawiarnianych stolikach w Parque Santa Catalina spotykają się miłośnicy różnych gier

11 Museo Elder

Otwarte w 1999 r. muzeum nauki reklamuje się hasłem *Tocar por favor* („Prosimy dotykać"). Spośród 200 eksponatów niemal wszystkie są interaktywne, a zwiedzających zachęca się, by do woli ciągnęli za dźwignie i naciskali przyciski. Wszystko opisano po hiszpańsku i angielsku. Muzeum doskonale nadaje się na wycieczkę z dziećmi, ale jeśli są ciekawe świata, trudno będzie je stąd potem wyprowadzić. Można tu m.in. zobaczyć, jak wykluwają się z jajek pisklęta, zasiąść za sterami samolotu F-5, zbadać właściwości dźwięku i innych fal, a także dowiedzieć się wielu rzeczy o energii. Przy wejściu do muzeum zwraca uwagę fascynująca maszyna Betancourta, która nigdy się nie zatrzymuje!

Najciekawiej jest na piętrze, gdzie zorganizowano ekspozycje poświęcone matematyce, magnetyzmowi i ludzkiemu ciału. Na zwiedzających czekają m.in. szachy, zagadki matematyczne do rozwiązania, balony na gorące powietrze i największy na świecie kwadrat magiczny. Każdy może też sprawdzić, ile ważyłby na Księżycu.

Na parterze przygotowano dział związany z transportem i astronomią. Zwiedzający mogą tu przetestować samochody i samoloty. Osobną część muzeum przeznaczono na wystawy czasowe o różnorodnej tematyce. Museo Elder w umiejętny sposób

Na głównym placu Las Palmas przyciąga uwagę nowoczesne Museo Elder

łączy walory edukacyjne z zabawą i przyjemnością.

Do kompleksu należy także wielkoekranowe kino IMAX oraz kawiarnia pod gołym niebem, z pięknym widokiem na Parque Santa Catalina i port.

182 B4 Parque Santa Catalina 828/011828 wt.–nd. zimą 10.00–20.00, latem 11.00–21.00 #1, 2, 3 Ceny umiarkowane (IMAX płatne osobno)

12 Playa de las Canteras

Popularna Playa de las Canteras to ponad 3 km złocistego piasku nad zatoką osłoniętą naturalną skalną barierą, która powstrzymuje fale i przy odpływie tworzy ciepłą, płytką lagunę.

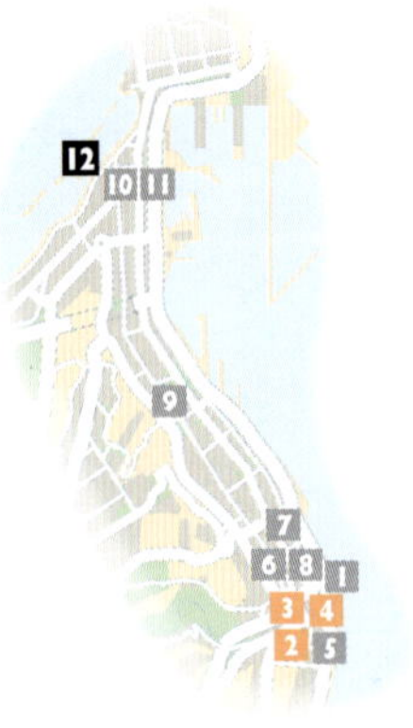

Na długo przed zagospodarowaniem południowych wybrzeży Gran Canarii był to pierwszy turystyczny kurort na wyspie. Do dziś zachował atmosferę miejsca na rodzinne wczasy, z szeroką promenadą, wzdłuż której ciągną się lodziarnie, sklepiki z pamiątkami i włoskie kawiarnie.

Na zachodnich krańcach plaży, gdzie kończy się rafa, wysokie fale przyciągają amatorów surfingu, którzy popisują się swoimi umiejętnościami na wprost Auditorio Alfredo Kraus, przypominającej meczet budowli wzniesionej ze skał wulkanicznych przez katalońskiego architekta Oscara Tusquetsa. Otwarta w 1997 r. sala koncertowa nosi imię kanaryjskiego tenora Alfreda Krausa (1927–1999), który dał tu jeden ze swych ostatnich recitali.

182 A4 #1, 2, 3, 20, 21

Dla dzieci

Największą atrakcją dla całej rodziny jest **Museo Elder** (➤ 69). Starszym dzieciom z pewnością spodobają się modele statków w **Casa de Colón** (➤ 63) oraz czaszki i mumie w **Museo Canario** (➤ 56). We wszystkich parkach są **place zabaw**, trudno także nudzić się na piaszczystej **Playa de las Canteras** (➤ 70). Można też zwiedzać miasto otwartym autobusem **Guagua Turística** (➤ 38).

Gdzie... zjeść i wypić

Ceny
Posiłek dla jednej osoby (bez napojów i opłaty za obsługę) kosztuje:
① do 12 € ② 12–24 € ③ ponad 24 €

Większość restauracji na Gran Canarii jest czynna przez cały rok, ale niektóre mogą być zamknięte na czas urlopu, zwykle w sierpniu.

Café Santa Catalina ①

Przyjemna kafejka pod gołym niebem, przy głównym placu Las Palmas, gdzie pod palmami emeryci grają w szachy i domino. Wiklinowe krzesła na ocienionym tarasie zapraszają, by usiąść i oddać się lekturze prasy, pisaniu pocztówek czy po prostu obserwowaniu przechodniów. W menu dominuje kuchnia włoska (makarony, pizze, sałatki), ale większość gości zamawia tylko lody albo kawę i ciastko.

182 B4 ✉ Parque Santa Catalina ⊙ codz. 10.00–1.00

Casa Carmelo ③

Restauracja na północnych krańcach Playa de las Canteras, z pięknym widokiem na zatokę. W karcie dań królują grillowane dania mięsne typowe dla kuchni urugwajskiej i argentyńskiej, ale jest też nieco ryb. Duża, ładna sala wyróżnia się typowo kanaryjskim drewnianym sufitem i żółtymi ścianami. Stoliki ustawiono też na tarasie. Znakomita, sympatyczna obsługa.

182 B5 ✉ Paseo de las Canteras 2 ☎ 928/469056, 468927 ⊙ codz. 13.00–16.30 i 20.00–0.30

Casa Montesdeoca ②–③

Najbardziej elegancka restauracja w Las Palmas, w XVI-wiecznej kamienicy należącej do żydowskiego rodu Montes de Oca, od którego wzięła się także nazwa całej ulicy. Obwieszony portretami i wędzonymi szynkami bar to świetne miejsce spotkań, jeszcze lepiej jednak postarać się o stolik na patio pod drzewami. Kelnerzy są nieco sztywni i nadgorliwi, przez co czasem trudno się tu odprężyć, na szczęście rekompensuje to wyśmienita kuchnia. W menu dania kanaryjskie i hiszpańskie, zwłaszcza rybne, do tego duży wybór miejscowych i hiszpańskich win.

183 E1 ✉ Calle Montesdeoca 10 ☎ 928/333466 ⊙ pn.–sb. 12.30–16.00 i 20.00–24.00

El Herreño ①–②

Wiszące przy barze szynki oraz wielki ceglany piec nadają lokalowi wiejską atmosferę, na co nakłada się gwar rozmów i krzątanina kelnerów w białych koszulach. Restauracja jest zlokalizowana na dziedzińcu starego domu nieopodal Mercado de Vegueta. Właściciel pochodzi z Hierro, jednej z mniejszych Wysp Kanaryjskich, nic więc dziwnego, że menu zostało oparte na tradycyjnej kuchni kanaryjskiej. Specjalnością lokalu jest pieczona wieprzowina z ziemniakami, doskonała zwłaszcza na obiad. Do posiłku można zamówić miejscowe wino.

183 E1 ✉ Calle Mendizábal 5 ☎ 928/310513 ⊙ codz. 11.00–1.00

El Padrino ②

Chcąc dotrzeć do tej cenionej restauracji rybnej, trzeba jechać samochodem bądź autobusem #41 do końca drogą na La Isleta. Mieszkańcy Las Palmas chętnie przyjeżdżają tu w weekendy. Większość stolików ustawiono na zewnątrz, w dużej otwartej szklarni obok parkingu (latem bywa tu gorąco). Warto spróbować chrupiącego chleba prosto z pieca, podawanego z miską *allioli* (majonez czosnkowy). W karcie dań figurują niemal wyłącznie potrawy rybne przyrządzane z ryb miejscowych, jak i sprowadzanych z hiszpańskiej Galicji. Menu zawiera listę propozycji szefa kuchni, z której zapewne nie zaszkodzi skorzystać.

✚ 179 E5 ✉ Calle Jesús Nazareno 1, Las Coloradas ☎ 928/462094 ⏲ codz. 13.00–16.00 i 20.00–23.00

Hipócrates ②

Jedna z niewielu na Gran Canarii knajpek wegetariańskich, mieszcząca się w kamienicy naprzeciwko interesującego Casa de Colón (➤ 63). Warto odwiedzić to miejsce ze względu na jasną, przestronną salę, sympatyczną obsługę i bardzo ciekawe dania. Sałatki z tropikalnych owoców, przybrane oliwą i sosem sojowym, to istne dzieła sztuki kulinarnej. Na deser świetnie nadaje się świeża papaja w likierze. Ponadto duży wybór herbatek ziołowych i świeżo wyciskanych soków owocowych. Do picia również piwo i wino.

✚ 183 E1 ✉ Calle Colón 4 ☎ 928/311171 ⏲ pn. 20.30–24.00, wt.–sb. 13.30–16.00 i 20.30–24.00, nd. 13.00–16.00

Madrid ①

Stoliki na placu przed tym zabytkowym hotelem (➤ 41) to doskonałe miejsce na wieczornego drinka, do którego można zamówić talerz *papas arrugadas* (ostro przyprawianych ziemniaków) albo skwarki w *gofio*. Większość osób wpada tu tylko na jakąś przekąskę, po czym przenosi się gdzie indziej. Warto jednak wiedzieć, że w barze serwowane są stosunkowo niedrogie zestawy (w porze obiadowej i wieczorem).

✚ 183 E2 ✉ Plaza de Cairasco 4 ☎ 928/360664 ⏲ codz. 12.00–1.00

La Marinera ②–③

Restauracja jest usytuowana na północnym końcu Playa de las Canteras. Stoliki stoją nie tylko w klimatyzowanym pomieszczeniu z piękną panoramą zatoki, ale także na tarasie. Świetne zakąski, miejscowe świeże ryby (można je obejrzeć, zanim dokona się wyboru), *paella* z owocami morza oraz duży wybór dań mięsnych z rusztu. Specjalnością lokalu jest marynowany tuńczyk.

✚ 182 B5 ✉ Calle Alonso Quesada, Plaza la Puntilla ☎ 928/468802 ⏲ codz. 13.00–24.00

La Pasta Real ②

Doskonała włoska restauracja, od ponad 20 lat należąca do rodziny Blanco Cornejo. Dwie nieduże sale ozdobiono malowidłami ściennymi przedstawiającymi krajobrazy słonecznej Italii. Pyszne domowe jedzenie i miła obsługa. Jedna z niewielu restauracji w Las Palmas pamiętających o wegetarianach. Amatorom mięsnych dań można polecić na przykład steki i soczystą jagnięcinę. Wśród specjałów warto wymienić zapiekankę z cykorią i rokforem, świeżego łososia i *carpaccio* z polędwicy, sałatę z pastą z tuńczyka oraz mięsne *pasticcio* (potrawa podobna do lazanii). Trzeba też zostawić nieco miejsca w żołądku na któryś z oryginalnych deserów.

✚ 182, poza mapą, obok A3 ✉ Calle Secretario Padilla 28 ☎ 928/262267 ⏲ śr.–pn. 13.00–16.00 i 20.00–24.00, zamkn. 2 tyg. w V

O Sole Mio ②

Włoska pizzeria ze stolikami na zewnątrz, pod wielkimi parasolami na atrakcyjnym placu tętniącym życiem w letnie wieczory. W menu steki, dania rybne i z makaronu, ale większość gości zamawia pizzę, przyrządzaną w piecu opalanym drewnem. Można zamówić klasyczne kompozycje z mozzarellą i pomidorami czy bakłażanami i parmezanem albo na przykład „pizzę afrykańską" z egzotycznymi owocami.

✚ 183 E2 ✉ Plaza de Cairasco 3 ☎ 928/383746 ⏲ codz. 13.00–17.00 i 20.00–24.00

Gdzie... na zakupy

Handlowa część Las Palmas przesunęła się stopniowo z rejonu starego miasta w stronę portu.

Sklepy specjalistyczne nadal można znaleźć w rejonie Veguety i Calle Mayor de Triana, podczas gdy **wytworne butiki** przeniosły się do śródmieścia, na bardziej elegancką Avenida Mesa y López.

Między tą częścią miasta a portem rozciąga się Parque Santa Catalina, który w całości przypomina **orientalny bazar** pełen hinduskich sklepów z tanimi aparatami fotograficznymi, zegarkami, cygarami, konfekcją i sprzętem elektronicznym, zwłaszcza przy Calle Tomás Miller, Calle Luis Morote i Calle Alfredo L. Jones.

W większości z tych sklepów należy się twardo **targować**. Przy odrobinie wprawy i szczęścia można trafić na prawdziwe okazje.

CENTRA HANDLOWE

Mieszkańcy Las Palmas najchętniej robią **zakupy** w wielkich centrach handlowych, które wyrosły na obrzeżach miasta w latach 90. ubiegłego stulecia.

Prócz hipermarketów i galerii z mniejszymi sklepami znanych sieci są tam kina, restauracje i puby czynne do późna w nocy.

Największym takim kompleksem jest **La Ballena**, 3 km za miastem, przy drodze do Teroru. Oprócz hipermarketu w miejscu tym działa ponad sto sklepów firmowych (m.in. Benetton, Yves Rocher, López i Disney Store).

Drugie centrum handlowe, **Las Arenas**, jest usytuowane przy zachodnim końcu plaży Las Canteras, na wprost Auditorio Alfredo Kraus, niedaleko jednego z przystanków autobusu turystycznego Guagua Turística.

AVENIDA MESA Y LÓPEZ

Ta szeroka aleja z wysadzaną drzewami laurowymi promenadą pośrodku to główna ulica handlowa Las Palmas.

U szczytu promenady znajduje się **Plaza de España** – ruchliwe rondo ze stojącym w centrum pomnikiem kanaryjskich rolników i matek. Plac, noszący także nazwę Plaza de la Victoria, jest popularnym miejscem spotkań kibiców **UD Las Palmas**, którzy właśnie tutaj świętują zwycięstwa swego zespołu.

Dom towarowy

Przy Avenida Mesa y López otwarto największy dom towarowy na wyspie, **El Corte Inglés**, którego dwa oddziały ulokowały się naprzeciwko siebie, po obu stronach alei. To chyba najlepsze miejsce na zakupy galanterii skórzanej, perfum i pereł.

Główny dom towarowy, po stronie północnej, ma cztery piętra z działami konfekcji damskiej, męskiej i dziecięcej, supermarketem w piwnicy oraz delikatesami **Club del Gourmet**, oferującymi kanaryjskie i hiszpańskie przysmaki i wina. Kawiarnia na samej górze to dobre miejsce na przerwę w czasie zakupów.

Po drugiej stronie ulicy można znaleźć **księgarnię**, **sklep muzyczny oraz dział elektroniki użytkowej**, **artykułów AGD i pamiątek**. Restauracja na najwyższym piętrze zaprasza na dania kuchni kanaryjskiej. Oba oddziały domu towarowego są czynne pn.–sb. 10.00–22.00.

Butiki

Resztę Avenida Mesa y López zajmują w większości butiki mniej i bardziej znanych projektantów mody. Swoje sklepy mają tu między innymi: **Benetton**, **Massimmc Duti** (odzież), **López** (obuwie i galanteria skórzana), **Prénatal** (ubrania dla niemowląt i dzieci), **Osh Kosh B'Gosh** (konfekcja dziecięca), **Zara** (odzież), **Body Shop** (kosmetyki), **Vogue** (konfekcja) oraz **Marks & Spencer** (dom towarowy).

TRIANA

Calle Mayor de Triana (➤ 67) przestała być najelegantszą ulicą handlową w mieście, ale nadal pozostaje najlepszym miejscem na *paseo* (spacer) połączone z oglądaniem wystaw sklepowych. Wciąż działa tu kilka sklepów tak znanych marek, jak **Benetton** czy **Mango**, jednak o uroku tej okolicy decydują głównie osobliwe sklepiki schowane w bocznych uliczkach. W większości wspomnianych niżej sklepów sprzedaje się towary produkcji miejscowej. Na przerwę w czasie zakupów chyba najlepsza jest *Café Cristal* (Calle Pedromo 3) ze stolikami na zewnątrz, przy których można się napić świeżo wyciśniętego soku. Kilka ulicznych kawiarni ulokowało się ponadto przy samej Calle Mayor, a obok występują muzycy.

Książki

La Librería del Cabildo Insular (Calle Cano 24) to księgarnia podległa władzom Gran Canarii, oferująca duży wybór książek o wyspie, a także mapy turystyczne oraz płyty kompaktowe z kanaryjską muzyką.

Rzemiosło

Warto zajrzeć do sponsorowanego przez władze sklepu **Fedac** (Calle Domingo J. Navarro 7), mającego w ofercie wyroby artystyczne bezpośrednio od miejscowych rzemieślników, m.in. ceramikę, kosze, koronki, noże z kościanymi rękojeściami, biżuterię, instrumenty muzyczne i miniatury kanaryjskich balkonów. Ceny towarów nie są wygórowane.

Atarecos (Calle Cano 30) poleca miejscowe rzemiosło oraz odzież i biżuterię z Ameryki Łacińskiej.

Natura Selection przy Calle Mayor 92 to sklep znanej sieci handlującej m.in. atrakcyjnymi cenowo jedwabiami, bawełną i świecami z całego świata, a także książkami i muzyką New Age.

Antyków i starszych wyrobów rzemieślników z wyspy można poszukać w **La Peregrina** (Calle Peregrina 9), schowanym w wąskiej uliczce.

Słodycze

Casa Ricardo (róg Calle Mayor i Calle Losero) to cukiernia marzeń, kusząca łasuchów truskawkowymi piłkami golfowymi, pomarańczowymi pomadkami, lizakami w kształcie serca czy czekoladkami z brzoskwiniowym nadzieniem.

Perfumy

Defa (Calle Mayor de Triana 21) ma w sumie siedem sklepów na Gran Canarii, które proponują szeroki wybór perfum wszystkich znanych producentów. Alternatywę stanowi **Maya** (Calle Mayor de Triana 105). W obu sklepach sprzedawane są również kosmetyki.

TARGOWISKA

Mercado de Vegueta (➤ 66) to najstarszy i najlepszy targ spożywczy w Las Palmas.

Można też zajrzeć na **Mercado Central** (Calle Galicia), w pobliżu Avenida Mesa y López.

Mercado del Puerto (Calle Albareda), hala targowa koło portu, odznacza się bardziej kosmopolityczną atmosferą. W środku sprzedaje się owoce morza i świeże produkty rolne, podczas gdy stragany na zewnątrz są bardziej nastawione na przechodzących tędy zagranicznych marynarzy.

Mercado de las Flores (Plaza de Santo Domingo) – targ sztuki, rzemiosła i kwiatów – odbywa się co niedziela rano na atrakcyjnym placu starego miasta.

W **Parque San Telmo** w niedzielne poranki czynny jest gwarny pchli targ, na którym można kupić dosłownie wszystko, od używanych książek i kaset wideo po odzież, rośliny i nieliczne antyki.

PUEBLO CANARIO

W tym skansenie tradycyjnej architektury kanaryjskiej (➤ 68) działa kilka sklepów z upominkami i rękodziełem artystycznym, oferujących m.in. koszulki, stroje ludowe, ceramikę, książki oraz płyty z muzyką z Gran Canarii. Rano w niedziele w Pueblo Canario można obejrzeć występy folklorystycznych zespołów pieśni i tańca.

Gdzie... się bawić

MUZYKA I TEATR

Repertuar teatrów i **kalendarium koncertów** są drukowane codziennie w gazetach „Canarias 7" i „La Provincia". W kioskach w Parque Santa Catalina dostępna jest także rozmaita prasa angielskojęzyczna, przeznaczona głównie dla mieszkającej na wyspie sporej społeczności Brytyjczyków. W Internecie najświeższych informacji o imprezach kulturalnych można szukać na stronie www.canarynet.com.

Przedstawienia teatralne odbywają się w **Teatro Pérez Galdós**, zaprojektowanym przez Miguela Martína Fernándeza de la Torre i ozdobionym malowidłami ściennymi jego brata Néstora. Teatr był siedzibą Towarzystwa Filharmonicznego Las Palmas i zanim w 1997 r. otwarto salę koncertową Auditorio Alfredo Kraus (➤ dalej), gościł doroczny festiwal operowy.

Inne ważniejsze sceny teatralne w mieście to **Teatro Guiniguada**, po drugiej stronie drogi oddzielającej Trianę od Veguety, oraz **Teatro Cuyás**, działający od 2000 r. w dawnym kinie w dzielnicy Triana.

Warto też zapoznać się z repertuarem w dwóch centrach kultury w Trianie: CIC (Centro Insular de Cultura) i CICCA (Centro de Iniciativas de la Caja de Canarias).

Od otwarcia w 1997 r. **Auditorio Alfredo Kraus** (Playa de las Canteras) jest główną salą koncertową w Las Palmas i zarazem największą na Wyspach Kanaryjskich. Widownia może pomieścić przeszło 1,6 tys. osób, a z okna za sceną roztacza się fenomenalna panorama oceanu. Prócz przedstawień operowych i koncertów muzyki poważnej organizowane są tu także koncerty muzyki rozrywkowej, od salsy po jazz latynoamerykański.

W Auditorio Alfredo Kraus odbywa się również kilka ważnych **festiwali**, m.in. międzynarodowy festiwal muzyki (styczeń–luty), tańca (luty–marzec), operowy (kwiecień–maj) i hiszpańskiej operetki (październik–listopad). Na przyległych terenach powstaje Parque de la Música.

W listopadzie Parque Santa Catalina jest sceną festiwalu **WOMAD** (muzyki, sztuki i tańca), w ramach którego można posłuchać darmowych koncertów muzyków z całego świata. Z kolei w Pueblo Canario (➤ 68) co tydzień występują kanaryjskie zespoły pieśni i tańca. Wykonawcy, ubrani w tradycyjne stroje ludowe, prezentują różnorodny repertuar.

KINO

W kinach w całym mieście wyświetlane są najnowsze przeboje kasowe z hiszpańskim dubbingiem oraz współczesne filmy hiszpańskie. Największe multipleksy działają w centrach handlowych Las Arenas i La Ballena. Dogodniej usytuowane (w śródmieściu) są kina Royal i Monopol. Szczegółowego repertuaru należy szukać w gazetach. W marcu w Las Arenas i Auditorio Alfredo Kraus (➤ 70) odbywa się międzynarodowy festiwal filmowy.

ŻYCIE NOCNE

Jak w całej Hiszpanii, również w Las Palmas życie nocne rozpoczyna się stosunkowo późno – mało kto wychodzi z domu przed 22.00. To co akurat cieszy się popularnością, stale się oczywiście zmienia, ale zasadniczo najciekawsze lokale można znaleźć w dzielnicach **Vegueta** i **Triana**, choć młodzież chętniej odwiedza okolice **Parque Santa Catalina** i portu.

Wyjątkiem jest rejon Plaza de Cairasco, gdzie każdego wieczoru przed barami *Old Stone's* i hotelu *Madrid* (➤ 72) przesiadują tłumy studentów. Usytuowana za rogiem *La Floridita* to wiernie odtworzony słynny hawański bar. Na skraju centrum handlowego Galeria de Arte Monopol zaprasza popularny nocny klub *Taberna de las Ranas*.

Im później, tym wyraźniej życie nocne przenosi się do śródmieścia. Bary po północnej stronie Plaza de España ożywiają się koło północy, podobnie jak *terrazas* (bary na tarasach) wokół Parque Santa Catalina. Pomiędzy parkiem a portem ulokowały się bardziej obskurne lokale z podejrzaną klientelą, od których lepiej trzymać się w nocy z daleka. Większość barów jest czynna do mniej więcej 2.00 nad ranem, ale dyskoteki działają o kilka godzin dłużej.

W hotelu *Santa Catalina* mieści się **Casino Las Palmas** (nd.–czw. 20.00–4.00, pt. i sb. 20.00–5.00), gdzie można spróbować szczęścia przy blackjacku, bakaracie czy ruletce. Mężczyźni muszą mieć krawat; trzeba też okazać paszport.

ŚWIĘTA

Día de los Reyes (5 stycznia): w wigilię Trzech Króli dzieci maszerują w pochodzie, prowadzone przez te właśnie postaci.

Karnawał (luty): w Las Palmas obchodzi się go najhuczniej na całej wyspie. Najpierw wybierana jest królowa karnawału, a potem odbywają się niezliczone zabawy pod gołym niebem, bale maskowe i parady przebierańców.

Semana Santa (marzec–kwiecień): procesje Wielkiego Tygodnia ze świętymi obrazami i rzeźbami.

Boże Ciało (koniec maja–początek czerwca): ulice starego miasta są przystrojone kwiatami, na Plaza de Santa Ana można podziwiać kwiatowy dywan, a uczestnicy procesji obsypywani są z balkonów płatkami kwiatów.

San Juan (24 czerwca): pogańskie i chrześcijańskie obyczaje związane z nocą świętojańską, połączone z obchodami rocznicy założenia Las Palmas. Tydzień koncertów, imprez teatralnych, tanecznych i sportowych kończy się paleniem ognisk na plażach.

La Virgen del Carmen (16 lipca): uroczysta procesja kutrów rybackich na La Isleta i w Puerto de la Luz ku czci Matki Boskiej, patronki rybaków.

Fiestas de la Naval (6 października): obchody rocznicy pokonania brytyjskiego korsarza sir Francisa Drake'a przez hiszpańską armadę w 1595 r. (La Isleta).

AKTYWNY WYPOCZYNEK

Na przystani Muelle Deportivo oraz w Real Club Victoria na wschodnim krańcu Playa de las Canteras można wziąć lekcje **żeglarstwa**, **windsurfingu** i **nurkowania**. Najlepszym miejscem do zwykłego surfowania jest zachodni koniec Playa de las Canteras, poniżej Auditorio Alfredo Kraus (➤ 70).

IMPREZY SPORTOWE

Drużyna piłkarska **UD Las Palmas** gości inne hiszpańskie zespoły, w tym największych rywali z Teneryfy. Mecze są zwykle rozgrywane w niedzielę po południu od września do czerwca na **Estadio Insular** (Calle Pio XII 29, ☎ 928/241342; dojazd autobusami #2, 3, 20, 22, 25, 81). Bilety pojawiają się w sprzedaży zwykle w dniu imprezy.

Wyjątkowym dla Las Palmas wydarzeniem sportowym są regaty **Vela Latina**, w których biorą udział niewielkie żaglówki „łacińskie" z załogami liczącymi 8–12 osób.

Regaty odbywają się w niemal każdy weekend od kwietnia do października (kiedy wieją pasaty) w soboty po południu i niedziele rano. Trasa biegnie wzdłuż wschodniego wybrzeża Las Palmas z Playa de la Laja do Playa de Alcaravaneras.

Rywalizację żeglarzy najlepiej można obserwować z przystani Muelle Deportivo oraz promenady Avenida Marítima.

Północ

Orientacja w terenie

Dla wielu osób północna część Gran Canarii stanowi kwintesencję tej wyspy. Las Palmas jest może bardziej ekscytujące, góry w centrum bardziej malownicze, a południe bardziej nasłonecznione, ale prawdziwa Gran Canaria to urodzajne wzgórza i doliny na północy. To tutaj królestwa Guanczów miały swe stolice w Telde i Gáldarze. W tym rejonie też, nie licząc Las Palmas, żyje większość Kanaryjczyków – w takich miejscowościach, jak Arucas, Agaete, Gáldar, Guía, Telde czy Teror, gdzie turystyka odgrywa znaczną rolę, ale na pewno nie jest jedynym źródłem dochodów.

Północ ma ambicje, by przyciągać więcej turystów, tych jednak odstrasza zachmurzone niebo – to samo, któremu region zawdzięcza słynne zielone krajobrazy. Wiejące w stronę Gran Canarii pasaty pędzą ze sobą grube chmury, które wiszą nad północną częścią wyspy, nawilżając powietrze. Deszcze nie są tu niczym niezwy-

★ Trzeba zobaczyć

2 Caldera de Bandama ➤ 82
4 Jardín Canario ➤ 85
5 Teror ➤ 87
8 Cenobio de Valerón ➤ 90
11 Valle de Agaete ➤ 92

W wolnym czasie

1 Telde ➤ 95
3 Vega de San Mateo ➤ 96
6 Arucas ➤ 96
7 Casa Museo Tomás Morales, Moya ➤ 97
9 Santa Maria de Guía ➤ 97
10 Gáldar ➤ 98
12 Sardina ➤ 98

Str. 77: Północne wybrzeża Gran Canarii z widocznym w oddali Las Palmas

Powyżej: Telde

Po lewej: Panorama północno-zachodniego wybrzeża

kłym, a słońca nie widać czasem całymi dniami. W takim klimacie doskonale udają się uprawy, np. na plantacjach bananów w rejonie Arucas i Gáldaru (ostatnio wyraźnie jednak podupadających), na równinach San Mateo i w tropikalnej dolinie Agaete. To stąd pochodzi większość owoców i warzyw, jakimi handluje się na wyspie.

Prócz rolnictwa i rybołówstwa mieszkańcy północnej Gran Canarii zajmują się także rzemiosłem, przykładowo produkcją ceramiki w La Atalaya czy kamieniarstwem w Arucas. Tutaj też można trafić na autentyczną miejską lub wiejską *fiestę*, jak choćby doroczną pielgrzymkę do Teroru albo pamiętający jeszcze czasy pogaństwa rytuał bicia gałęziami w wodę, by sprowadzić deszcz, kultywowany w Puerto de las Nieves.

Kto nie spędził choć paru dni na północy, nie może twierdzić, że zna Gran Canarię. Ta część wyspy ma do zaoferowania kilka pierwszorzędnych atrakcji, m.in. świetnie zachowany spichlerz Guanczów oraz najokazalszy krater na wyspie, ale turystów najbardziej urzekają tutejsze wioski i miasteczka, targi, a także malownicze wulkaniczne wzgórza, które nadają temu regionowi wyjątkowy charakter.

Trasa tej atrakcyjnej wycieczki prowadzi od ogrodów botanicznych na obrzeżach Las Palmas do urodzajnej doliny wychodzącej na północno-zachodnie wybrzeże.

Północna Gran Canaria w trzy dni

Dzień pierwszy

Rano

Po wizycie w 4 **Jardín Canario** (➤ 85), gdzie na uwagę zasługuje piękna kolekcja rodzimych kanaryjskich roślin (po prawej), można w sąsiedniej restauracji zjeść tradycyjny kanaryjski obiad.

Po południu

Niedaleko ogrodów znajduje się 2 **Caldera de Bandama** (➤ 82). Do wyboru jest zejście na dno krateru albo gra w golfa w najstarszym w Hiszpanii klubie golfowym (poniżej). Na nocleg najlepiej wybrać przyjemny ***Bandama Golf & Country Hotel*** (➤ 42).

Dzień drugi

Rano

Droga z Bandamy do Santa Brígidy prowadzi przez **La Atalaya** (➤ 83), gdzie nie zaszkodzi zatrzymać się na chwilę, by obejrzeć ceramikę w stylu Guanczów produkowaną przez tamtejszych rzemieślników. Skręciwszy w Santa Brígidzie na szosę GC15 w stronę gór, dojeżdża się przez sosnowe lasy do 3 **Vega de San Mateo** (➤ 96). Tam trzeba skręcić w prawo na 5 **Teror** (➤ 87), którego chlubą jest piękna bazylika i muzeum. Na obiad można się wybrać do ***La Cantonera*** (➤ 100).

Po południu

Po dotarciu boczną drogą z Teroru do 6 **Arucas** (► 96) warto zwiedzić neogotycką „katedrę" (po prawej), a później przespacerować się po ulicach i ogrodach miasteczka. Najatrakcyjniejszy nocleg oferuje ***La Hacienda del Buen Suceso*** (► 41), elegancki wiejski hotel otoczony plantacją bananów.

Dzień trzeci

Rano

Zjechawszy z powrotem na wybrzeże, należy się udać szosą GC2 w stronę 10 **Gáldaru** (► 98). Na obrzeżach Santa Maria de Guía trzeba zawrócić na GC291 (stara droga do Las Palmas), która prowadzi do jaskiń Guanczów w 8 **Cenobio de Valerón** (► 90). Następny przystanek to 9 **Santa Maria de Guía** (► 97), gdzie w sklepie Santiaga Gila Romera przy głównej ulicy warto skosztować wyśmienitych miejscowych serów. Stamtąd powinno się wrócić do szosy GC2, którą można pojechać dalej do **Puerto de las Nieves** na obiad z owoców morza (► 100).

Po południu

Spacer po porcie w Puerto de las Nieves to okazja, by zobaczyć z bliska kutry rybackie oraz **skałę Dedo de Díos** (► 93; poniżej). Potem nie zaszkodzi udać się do zielonej 11 **Valle de Agaete** (► 92). W górnej części doliny na nocleg zaprasza **hotel uzdrowiskowy *Princesa Guayarmina*** (► 42), oferujący spokój, ciszę, wspaniałe szlaki w okolicznych górach, a także wyborne warzywa z własnych upraw organicznych.

2

Caldera de Bandama

Skalne ściany tej idealnie okrągłej kaldery (krateru) o średnicy 1 km i głębokości 200 m osłaniają urodzajną dolinę w jej wnętrzu. Wulkan jest uśpiony od setek lat, ale badania wykazują, że może pewnego dnia znowu wybuchnąć. Krater widać najlepiej z sąsiedniej góry. Warto też zejść na jego dno, by przyjrzeć się z bliska wulkanicznym krajobrazom Gran Canarii.

Nazwa krateru pochodzi od XVI-wiecznego holenderskiego farmera Daniela Van Damma, który jako pierwszy zaczął w nim uprawiać winogrona. Na początek najlepiej wspiąć się na **Pico de Bandama** (574 m n.p.m.). Ze szczytu, na który prowadzi kręta droga z wioski (od przystanku autobusowego idzie się ok. 30 min), roztacza się **widok** aż po Las Palmas, a w pogodny dzień widać niekiedy nawet Fuerteventurę.

Kaldery na Gran Canarii powstały miliony lat temu

Zejście na dno krateru i powrót zajmują sporo czasu

W dole rozpościera się misa krateru, za którą zielenią się trawniki najstarszego w Hiszpanii klubu golfowego (Real Club de Golf de Las Palmas), malowniczo odcinające się na tle ciemnych popiołów wulkanicznych.

Zejście na dno krateru jest nieskomplikowane, ale za to w drodze powrotnej czeka niestety forsowne, strome podejście. Na wycieczkę należy przeznaczyć przynajmniej półtorej godziny, a planując powrót autobusem, lepiej zostawić sobie spory zapas czasu. Ścieżka zaczyna się obok przystanku autobusowego (najpierw trzeba minąć skupisko domów). Początkowo jest wyłożona kamieniami, ale dalej robi się śliska, dlatego niezbędne są dobre buty. Dla tych, którzy nie mają ochoty na pokonanie całej trasy, w połowie wybudowano na skalnej platformie *mirador* z fantastycznym widokiem.

Za punktem widokowym ścieżka schodzi stromo na samo dno, porośnięte drzewkami oliwnymi, kaktusami, ogórecznikami i janowcem. Minąwszy duży głaz po prawej stronie, powinno się skręcić w prawo i zaraz potem w lewo w wąską dróżkę, która okrąża całą dolinę. W centrum krateru stoją na wpół opuszczone zabudowania gospodarcze, nie wiedzieć czemu noszące numer 44. Dwa potężne eukaliptusy zapewniają cień, a za szopą widać starą tłocznię winogron. Za farmą ścieżka wspina się z powrotem na szczyt krateru. Po drodze warto się rozejrzeć za wykutymi w jego ścianach malowniczymi **jaskiniami mieszkalnymi Guanczów**.

La Atalaya

Droga z Bandamy do Santa Brígidy biegnie przez La Atalaya, wioskę jaskiń mieszkalnych, której mieszkańcy słyną z produkcji nieglazurowanej ceramiki. Tak jak za czasów Guanczów, wszystkie naczynia są lepione z ręcznie obrabianej wulkanicznej gliny, bez użycia koła garncarskiego, a następnie wypalane w piecu opalanym drewnem. Gotowe wyroby sprzedaje się w jaskiniach-warsztatach niedaleko głównego placu, gdzie można też obejrzeć malowidła ścienne poświęcone prastarej sztuce garncarstwa.

Krater widać fantastycznie z sąsiedniego Real Club de Golf de Las Palmas

CHWILA RELAKSU

W wioskowym barze ***Los Geranios*** (niestety, nie zawsze jest otwarty), obok przystanku autobusowego, podają świetne kanapki i przekąski, a w **sklepiku** na szczycie Pico de Bandama można kupić lody i napoje chłodzące.

179 E4 ✉ 2 km na południe od Tafira Alta, do której prowadzi z Las Palmas szosa GC110 🚌 #311 z Las Palmas

CALDERA DE BANDAMA: WARTO WIEDZIEĆ

Dobre rady Na wycieczkę koniecznie trzeba zabrać **suchy prowiant** i **dużo wody do picia**.

• Ze względu na ostre krzewy po bokach wąskiej ścieżki lepiej włożyć **długie spodnie**.

Więcej szczegółów Kto chce, może **obejść krater dookoła**. Trasa liczy ok. 3 km, a na jej pokonanie potrzeba półtorej godziny.

Najpierw idzie się drogą ze wsi w kierunku Pico de Bandama. Po kilku minutach, w miejscu gdzie szosa skręca w lewo, po prawej stronie widać niewielki parking. Ścieżka prowadzi stąd na szczyt kaldery i dalej jej krawędzią. Miejscami jest wąska i może przyprawiać o zawrót głowy, ale osobom zaprawionym w chodzeniu po górach nie sprawi większych trudności. Po okrążeniu całego krateru trasa biegnie w dół, by następnie wyjść na skraj pola golfowego, skąd drogą można wrócić do wsi.

4

Jardín Canario

Mimo niewielkich rozmiarów Wyspy Kanaryjskie mają zdumiewająco bogatą florę, a wiele gatunków kaktusów i dzikich kwiatów rośnie tylko w tym miejscu na świecie. W sumie doliczono się przeszło 500 endemitów, z których sporo można obejrzeć z bliska w największym ogrodzie botanicznym Hiszpanii.

Ogród powstał w 1952 r. na stromych zboczach wąwozu Guiniguada. Większość gości korzysta z górnego wejścia (zatrzymują się przy nim autobusy z Las Palmas), gdzie zbudowano *mirador* oraz ustawiono popiersie historyka i przyrodnika Don José de Viera y Clavijo. W dole widać wspaniale cały kompleks wraz z plątaniną przecinających go alejek.

Bez trudu można tu spędzić kilka godzin na oglądaniu na chybił trafił co piękniejszych okazów, ale najlepiej zejść do dolnego wejścia i stamtąd powoli wrócić na górę. Pierwszy przystanek to ocieniona kanaryjskimi palmami **Plaza Matías Vega**. W pobliskim **Jardín de las Islas** zebrano rodzime gatunki, takie jak *cardón* – dziki kaktusowaty krzew porastający zbocza gór, botaniczny symbol Wysp Kanaryjskich.

Przez Jardín de las Islas przechodzi się do **Jardín de Cactus** z ponad 2 tys. odmian kaktusów z całego świata. Nie zabrakło oczywiście pospolitych na Gran Canarii aloesów i opuncji. Ścieżka prowadzi wokół szkółki do **Plaza Fernando Navarro**, gdzie w niedużym ogrodzie ozdobnym można podziwiać rośliny z Makronezji, grupy wysp wulkanicznych obejmującej Wyspy Kanaryjskie, Maderę i Azory. Wśród rosnących tu gatunków endemicznych uwagę zwraca kwitnący na żółto janowiec z okolic Teroru.

Drewnianym mostkiem przechodzi się z powrotem na lewy brzeg, by opuścić wąwóz. Ścieżka wspina się pośród sosen kanaryjskich do **Paseo de los Dragos**, alejki wysadzonej

W ogrodzie kaktusowym rosną zarówno gatunki rodzime, jak i sprowadzone, m.in. *Echinocactus grusonii* z Meksyku (poniżej po lewej)

Guanczowie czcili smocze drzewa, przypisując im właściwości lecznicze

smoczymi drzewami. Te charakterystyczne rośliny, blisko spokrewnione z juką, występują głównie na Teneryfie. Z naciętej kory wypływa żywica zwana „smoczą krwią", której pierwotni mieszkańcy Wysp Kanaryjskich używali do celów leczniczych. Obok pary bliźniaczych drzew alejka wraca ostatecznie do punktu widokowego.

CHWILA RELAKSU

Restauracja przy **górnym wejściu** do ogrodu słynie z wyśmienitej kuchni kanaryjskiej.

179 E4 · 7 km od Las Palmas szosą GC110 do Tafira Alta · 928/353604 · codz. 9.00–18.00 · #301, 302, 303, 305 · Bezpł.

JARDÍN CANARIO: WARTO WIEDZIEĆ

Dobre rady **Samochodem** można dojechać do dolnego wejścia, skręcając w prawo w Tafira Alta na podrzędną drogę do Las Palmas. Niestety, jest tam mało miejsca do parkowania, lepiej więc skorzystać z dużego **parkingu** przy górnym wejściu.

• Jadąc **autobusem**, jest okazja, by połączyć tę wycieczkę z wypadem do Caldera de Bandama (► 82), trzeba jednak wyruszyć wcześnie rano. Z Las Palmas do Bandamy kursuje **kilka autobusów dziennie**, które zatrzymują się przy Jardín Canario.

Ukryty skarb W ogrodzie warto poszukać **La Fuente de los Sabios** (Fontanna Mądrych), upamiętniającej zagranicznych przyrodników i podróżników, którzy prowadzili badania na Wyspach Kanaryjskich. Wśród nich byli botanicy Sabin Barthelot i Philip Barker Webb, autorzy pierwszej historii naturalnej wysp, wydanej w 1835 r.

5

Teror

To urocze miasteczko brukowanych zaułków, bielonych domków i hiszpańskiej architektury kolonialnej jest również ważnym ośrodkiem religijnym. Starannie odrestaurowane i uznane w 1979 r. za zabytkowy zespół urbanistyczny, stanowi dziś wizytówkę wyspy i pokazuje, jak Gran Canaria wyglądała dawniej.

Większość przejezdnych zatrzymuje się tu najwyżej na pół godziny, ale miejscowość zdecydowanie zasługuje na dłuższą wizytę. Malownicze uliczki zachęcają do spacerów. Odpocząć można na którymś z ocienionych placów, przyglądając się pięknie zachowanym murowanym rezydencjom. Zwykła wędrówka z dworca autobusowego do bazyliki, w czasie której wzrok co chwila zatrzymuje się na jakimś detalu rzeźbionych drewnianych balkonów zdobiących fasady, okazuje się nieomal wyprawą odkrywczą.

Główna ulica kończy się dużym otwartym placem przed **Basílica de Nuestra Señora del Pino** (bazylika Matki Boskiej Sosnowej). Nazwa świątyni wzięła się od objawienia Matki Boskiej w gałęziach rosnącej tu sosny, które podobno wydarzyło się wkrótce po zdobyciu wyspy przez Hiszpanów w 1478 r. Na całej Gran Canarii otacza się kultem tutejszy XV-wieczny posąg Madonny. Co roku 8 września, w rocznicę owego cudu, pielgrzy-

Po obu stronach głównej ulicy w Terorze ciągną się piękne zabytkowe domy

Warto zajrzeć na podwórko domu rodziny Manrique de Lara

mi ściągają do Teroru na najbardziej uroczyście obchodzone na wyspie święto religijne. Matka Boska Sosnowa stała się nie tylko patronką Gran Canarii, ale przyznano jej także honorowy tytuł generała hiszpańskiej armii.

W skład **bazyliki**, ukończonej w 1767 r. budowli w stylu neoklasycznym, wchodzi też ośmioboczna wieża ze starszego kościoła, jaki stał w tym miejscu. Wysokie kamienne kolumny rozdzielają wnętrze na trzy nawy przykryte kasetonowym drewnianym stropem. Nad ołtarzem widnieje posąg Matki Boskiej Sosnowej, siedzącej w pięknie haftowanych szatach pod srebrnym baldachimem. Dawniej zdobiły ją szmaragdy – niestety, klejnoty zostały skradzione w 1975 r.

Zabytkowy zespół budynków na tyłach bazyliki obejmuje dawny pałac biskupi. **Casa Museo de los Patrones de la Virgen del Pino** przy placu przed świątynią to jeden z najlepiej zachowanych przykładów tradycyjnej kanaryjskiej kamienicy. Od początku, czyli od XVII stulecia, dom należy do rodziny Manrique de Lara, opiekującej się cudownym posągiem Matki Boskiej Sosnowej.

Pokoje, w których nie brakuje rodzinnych pamiątek, portretów i antyków, są usytuowane wokół centralnego podwórka z biegnącym naokoło drewnianym balkonem. W stajniach można obejrzeć kolekcję powozów, m.in. karo-

Ay Teror!

To tytuł popularnej kanaryjskiej piosenki ludowej, której słowa napisał miejscowy historyk Néstor Alamo (1906–1994). Można ją często usłyszeć na rozmaitych festiwalach, a także na płytach w wykonaniu np. zespołów Los Gofiones czy Mestisay.

cę Alfonsa XIII, a w garażu stoi zabytkowy Triumph Renown z 1951 r., sprowadzony z Anglii przez Don Agustína Manrique de Lara.

Zwiedzanie domu daje niepowtarzalną okazję zobaczenia, jak mieszka arystokracja z Wysp Kanaryjskich.

CHWILA RELAKSU

Przy Plaza del Pino i w jego pobliżu działa kilka kawiarni. Na pełny posiłek z pięknym widokiem można zjechać drogą do restauracji *Balcón de la Zamora* w Valleseco (► 100).

179 D4 #216 z Las Palmas

Bazylika
Plaza del Pino codz. 7.00–12.00 i 14.00–21.00 Bezpł.

Casa Museo de los Patrones de la Virgen del Pino
Plaza del Pino 928/630239 pn.–czw. i sb. 11.00–18.00, nd. 10.00–14.00 Ceny umiarkowane

TEROR: WARTO WIEDZIEĆ

Dobra rada Teror najlepiej odwiedzić w **niedzielę rano**, w porze gwarnego targu. Na straganach pod bazyliką sprzedaje się wówczas chleb, sery i lokalne specjały, takie jak pikantna kiełbasa *chorizo*.

Ukryty skarb Koniecznie trzeba zajrzeć na **Plaza Teresa de Bolívar** (poniżej). Ten niewielki plac, tuż obok Plaza del Pino, nosi imię pierwszej żony sławnego rewolucjonisty. Kunsztownie rzeźbione kamienne ławki otaczają gotycką fontannę i popiersie Simona Bolívara, pod którego przywództwem hiszpańskie kolonie w Ameryce Południowej wywalczyły sobie niepodległość. Teresa de Bolívar, wychowana w Terorze, pochodziła z kanaryjskiej szlachty. Zmarła na żółtą febrę niecały rok po ślubie w 1801 r.

8

Cenobio de Valerón

Ten zespół jaskiń w podziurawionej jak plaster miodu skalnej ścianie jest najlepiej zachowaną i najłatwiej dostępną pamiątką po Guanczach na Gran Canarii. Sztuczne groty sprzed najazdu Hiszpanów w XV w. stanowią jeden z najlepszych przykładów umiejętności rdzennych mieszkańców wyspy w zakresie obróbki kamienia.

Słowo *cenobio* oznacza żeński klasztor, dawniej sądzono bowiem, że za czasów Guanczów w jaskiniach mieszkały *harimaguadas* (westalki) oraz córki z dobrych domów przysyłane tu, by przygotować się do zamążpójścia i macierzyństwa. Przybytki tego rodzaju rzeczywiście istniały, ale obecnie archeolodzy są zgodni, że Cenobio de Valerón pełnił w istocie rolę spichlerza na ziarno.

W skale wykuto w sumie ok. 300 **komór**, połączonych siecią korytarzy i schodów. Spichlerze budowano wysoko, by chronić je przed ewentualnymi napastnikami, najchętniej w skale wulkanicznej, która łatwo poddawała się kamiennym i kościanym

Spotkania na szczycie

Wierzchołek powyżej jaskiń, Montaña del Gallego, to tzw. *tagoror*, czyli miejsce, w którym rada Guanczów spotykała się z królem (*guanarteme*).

Po prawej: Usytuowanie wysoko na zboczu góry chroniło spichlerz przed złodziejami

Poniżej: W jaskiniach przechowywano nadwyżkę ziarna

narzędziom. To miejsce było pod każdym względem idealne. Naturalny nawis dawał dodatkowo osłonę przed deszczem, a usytuowanie w kierunku wschodnim zapewniało dobre nasłonecznienie.

Dziś jaskinie są na łasce żywiołów, ale za czasów Guanczów wejścia zasłaniano drewnianymi drzwiami. Poszczególne silosy należały przypuszczalnie do różnych rodzin, legitymujących się **pieczęciami** (*pintaderas*), których rysunek malowano na ścianach. Jeśli ta hipoteza jest prawdziwa, świadczyłoby to o wysokim stopniu zorganizowania społecznego przedhiszpańskich mieszkańców Gran Canarii.

Do jaskiń wchodzi się po stromych schodach wykutych w skale. Ze względów bezpieczeństwa i dla ochrony całego kompleksu nie wolno zbaczać z wyznaczonej ścieżki ani wchodzić do jaskiń.

178 C5 ✉ 3 km na wschód od Guía, przy starej drodze do Las Palmas ☎ 928/219421 ⌚ pn.–pt. 9.00–14.00 🚌 #103, 105 z Las Palmas ✋ Bezpł.

CENOBIO DE VALERÓN: WARTO WIEDZIEĆ

Dobra rada Wstęp do jaskiń jest **bezpłatny**, ale strażnik przy wejściu będzie bardzo wdzięczny za drobne datki.

Valle de Agaete

Wycieczka do Valle de Agaete z któregoś z kurortów na południowym wybrzeżu jest jak podróż na inną planetę. Ta sielska dolina, oszałamiająca kolorami i niezwykłym podzwrotnikowym klimatem, tak bardzo różni się od pustynnych krajobrazów południa, że aż trudno uwierzyć, iż znajduje się na tej samej wyspie.

Do niedawna północny zachód uchodził za region raczej peryferyjny, ale nowa autostrada i szybki prom przyciągnęły tu ruch pomiędzy Las Palmas a Teneryfą. To zaowocowało oczywiście inwestycjami, zwłaszcza w pobliżu portu, które na szczęście nie odebrały uroku starówce w Agaete.

Agaete powstało w 1481 r. Pamiątkowa tablica niedaleko kościoła przypomina wizytę króla Juana Carlosa w „tym pięknym zakątku Hiszpanii" z okazji 500-lecia istnienia miasteczka. Białe domki z ukwieconymi drewnianymi balkonami rzeczywiście wyglądają uroczo. Mieszkańcy chętnie przesiadują przed XIX-wiecznym kościołem w cieniu Plaza de la Constitución albo spacerują po Huerto de las Flores, ogrodzie botanicznym, w którym natchnienia szukał Tomás Morales (► 97).

Za Agaete 7-kilometrowa Valle de Agaete wspina się łagodnie w stronę sosnowych lasów masywu Tamadaba. Miejsce jest nieziemsko piękne, przesycone zapachem fuksji, jaśminów, bugenwilli, pelargonii i kanaryjskich sosen. Na urodzajnych stokach uprawia się mango, papaje, pomarańcze, cytryny, grejpfruty,

Agaete dostarcza znaczną część owoców na Gran Canarii

Kutry rybackie na plaży w Puerto de las Nieves

Ermita de la Virgen de las Nieves

awokado i figi. Droga kończy się w **Los Berrazales**, gdzie stoi hotel uzdrowiskowy i zaczyna się szlak prowadzący w wysokie partie gór. Widok całej doliny aż po morze w oddali zapiera dech w piersiach.

W samym Agaete łukowy most nad wylotem *barranco* wiedzie do **Puerto de las Nieves**, dawnego portu rybackiego, którego nazwa wzięła się podobno od śniegu (*nieve*) widocznego często na szczycie Teide na Teneryfie. W **Ermita de la Virgen de las Nieves** (kapliczka Matki Boskiej Śnieżnej, patronki miejscowych rybaków) wiszą pod sufitem modele łodzi rybackich, ale największym skarbem jest XVI-wieczny flamandzki tryptyk *Madonna z Dzieciątkiem* Joosa van Cleve. Zazwyczaj można zobaczyć tylko część środkową – boczne skrzydła, przedstawiające św. Antoniego i św. Franciszka, wystawiane są w kościele parafialnym w Agaete. Kaplica jest otwarta w czasie mszy w soboty wieczór i niedziele rano.

Puerto de las Nieves ożywia się w weekendy, kiedy zjeżdżają tu tłumy z Las Palmas. Na kamienistej plaży na wewnętrznej przystani można się kąpać i nurkować, a na promenadzie wybrać do którejś z restauracji serwujących owoce morza. Każdego dnia odpływa stąd sześć promów na oddaloną o godzinę drogi Teneryfę. Z końca plaży koło przystani widać **Dedo de Díos** (Palec Boży), smukłą bazaltową kolumnę powstałą wskutek erozji. Za skałą na klifach zaczyna się malownicza droga zwana **Andén Verde**.

Jeden z hoteli w Puerto de las Nieves zbudowano niedaleko dawnego cmentarza Guanczów. Archeolodzy znaleźli w tym miejscu m.in. trumnę z VIII w., obecnie wystawioną w Museo Canario w Las Palmas (► 56).

Andén Verde

Najpiękniejszym odcinkiem najbardziej malowniczej nadmorskiej drogi na Gran Canarii jest Andén Verde (Zielona Platforma), nieco na północ od San Nicolás de Tolentino. Najwspanialszy widok roztacza się z Mirador del Balcón, skąd widać skalisty brzeg aż po przylądek Punta Góngora (parking jest usytuowany powyżej punktu widokowego). Przez lornetkę czasem udaje się dostrzec skaczące w morzu delfiny. Trasę tę można zaliczyć w ramach wycieczki samochodowej dookoła wyspy (► 164).

Charakterystycznym punktem orientacyjnym jest Dedo de Díos

CHWILA RELAKSU

Casa Romántica (➤ 100) to popularna restauracja z tropikalnym ogrodem, w którym uprawia się banany, owoce cytrusowe i awokado. Spacery wśród drzew umila śpiew kanarków; słychać też papugi. Zamiast pełnego posiłku można tylko wstąpić do baru na sok z papai albo kawę (ta również pochodzi z pobliskich upraw).

178 C4 #103 z Las Palmas do Agaete i Puerto de las Nieves, #102 z Gáldaru do Valle de Agaete

VALLE DE AGAETE: WARTO WIEDZIEĆ

Dobra rada W sierpniu w Agaete i Puerto de las Nieves obchodzone jest jedno z najstarszych świąt na Gran Canarii, **Bajada de la Rama** (➤ 102).

Więcej szczegółów Z górnej części doliny prowadzą **szlaki** w góry i do lasów sosnowych Tamadaba. Jednym z najpopularniejszych jest dobrze oznakowana trasa, która zaczyna się powyżej hotelu *Princesa Guayarmina* i po godzinie dochodzi do wiosek El Sao i El Hornillo na wzgórzach.

W wolnym czasie

1 Telde

Drugie co do wielkości miasto na Gran Canarii turyści zazwyczaj omijają, mimo że łatwo tu dojechać, a odrestaurowana starówka jest bardzo atrakcyjna.

Najciekawsza dzielnica (*barrio*) to San Juan. Idzie się do niej za drogowskazami z dużego ronda koło dworca autobusowego. To w tym miejscu wkrótce po podboju wyspy w 1478 r. powstała pierwsza osada Hiszpanów, po której zachowało się kilka kanaryjskich domów w charakterystycznym stylu *mudejar* (mauretański gotyk). Pośrodku rozciąga się uroczy rynek, Plaza San Juan, z kościołem San Juan Bautista (pn.–pt. 10.00–20.00, sb. i nd. 16.00–20.00). Świątynia szczyci się pięknym flamandzkim ołtarzem oraz XVI-wieczną figurą Chrystusa wyrzeźbioną w kukurydzy przez meksykańskich Indian. W małym parku za kościołem kryje się plac zabaw dla dzieci, ptaki w klatkach i miniaturowe zoo.

Naprzeciwko placu wąska uliczka prowadzi akweduktem obok drzew cytrusowych do innej wiekowej *barrio*, San Francisco, z bielonymi domkami, brukowanymi zaułkami i XVIII-wiecznym kościołem. Obie dzielnice łączy Calle León y Castillo, nosząca imię braci Fernanda i Juana León y Castillo (1842–1918; 1834–1912). Pierwszy z nich był dyplomatą i politykiem, drugi zaś inżynierem, budowniczym latarni morskiej w Maspalomas oraz Puerto de la Luz w Las Palmas. W ich **rodzinnym domu** mieści się muzeum z kolekcją medali i XIX-wiecznego malarstwa. W pobliskim Parque San Juan można pospacerować lub pojeździć na rowerze; jest też amfiteatr pod gołym niebem, ogród botaniczny i staw.

179 E3 Biuro informacji turystycznej, Calle León y Castillo 2 928/139055 #12 z Las Palmas, #36 i 90 z Maspalomas

Fernando León y Castillo, ukochany syn Telde

Casa Museo León y Castillo

Calle León y Castillo 43 928/691377 pn.–pt. 9.00–20.00, sb. i nd. 10.00–13.00 Bezpł.

Cuatro Puertas

W okolicach Telde, stolicy jednego z dwóch królestw Guanczów na Gran Canarii, jest kilka stanowisk archeologicznych. Najważniejsze z nich to Cuatro Puertas, 4 km od Telde, przy drodze do Ingenio. Cztery osobne wejścia prowadzą do skalnej komory, w której przypuszczalnie odbywały się rytuały religijne i obrzędy związane z kultem płodności.

5 Vega de San Mateo

Ta zamożna rolnicza miejscowość u podnóża gór jest znana przede wszystkim z cotygodniowego targu, który zaczyna się w sobotę, ale największe tłumy przyciąga w niedzielę rano. W wielkiej hali na skraju miasteczka stoją stragany z owocami, warzywami, oliwkami, chlebem, nabiałem i winem, a także świeżymi kwiatami i suszonymi ziołami używanymi jako przyprawy i leki. Obok, pod gołym niebem można kupić wyroby miejscowych rzemieślników, m.in. ceramikę i wyplatane kosze.

179 D4 #303 z Las Palmas

6 Arucas

Nad miejscowością, położoną na dalekich obrzeżach Las Palmas, góruje niezwykły kościół San Juan Bautista, przypominający bardziej katedrę. Zaprojektowany przez katalońskiego architekta Manuela Vega Marcha w stylu neogotycko-modernistycznym, został zbudowany w latach 1909–1977 z miejscowego szaroniebieskiego kamienia. W świątyni można znaleźć kilka cennych zabytków sztuki, m.in. *Madonnę z Dzieciątkiem* Cristóbala Hernándeza de Quintany (1659–1725). Obok ołtarza widnieje piękna rzeźba Chrystusa, wykonana w drewnie w 1940 r. przez miejscowego artystę Manola Ramosa Gonzáleza.

Przy ulicach w pobliżu kościoła stoi jeszcze kilka budynków z tego samego kamienia wulkanicznego, zwanego *piedra de Arucas* bądź *piedra azul* (błękitny kamień). W większości pochodzą one z końca XIX lub początków XX w. Naprzeciwko ogrodów warto poszukać wspaniałej neoklasycznej Heredad de Aguas (siedziba wodociągów miejskich).

Arucas jest ośrodkiem produkcji rumu – w **wytwórni Arehucas** można zobaczyć m.in. beczki podpisane przez króla Juana Carlosa, Julio Iglesiasa, Toma Jonesa i Montserrat Caballé. Zwiedzanie obejmuje także bezpłatną degustację rumu i likierów.

Na koniec wycieczki do Arucas warto wyjechać na szczyt wulkanicznego stożka **La Montaña** nieopodal miasta, skąd widać wyspę aż po Las Palmas i północne wybrzeże, z plantacjami bananów na pierwszym planie. Banany nadal są ważną rośliną uprawną na Gran Canarii, aczkolwiek konkurencja ze strony państw Afryki i Ameryki Środkowej sprawiła, że ta gałąź rolnictwa wyraźnie podupadła i sporo owoców gnije dziś na drzewach.

179 D5 Biuro informacji turystycznej, Plaza de la Constitución 2 928/623136 Kościół codz. 9.30–12.30 i 16.30–19.00 #205, 210 z Las Palmas

Wytwórnia Arehucas

179 D5 Era de San Pedro 2 (2 km drogą na Gáldar) 928/624900 pn.–pt. 10.00–14.00 Bezpł.

Dla dzieci

Reptilandia (928/551269, codz. 11.00–17.30; ceny umiarkowane), na wzgórzu między Gáldarem a Agaete, to nieduże zoo prowadzone przez brytyjskich przyrodników Jima i Chrisa Petherów. Drogę wskazuje tablica przy zjeździe z GC2 na Hoya de Pineda. Można tu obejrzeć ponad 150 gatunków gadów i płazów, a także papugi, małpy i lemury. Do największych atrakcji należy 7-metrowy chiński pyton oraz waran z Komodo, największa jaszczurka na świecie, osiągająca wagę do 100 kg.

7 Casa Museo Tomás Morales

Poeta Tomás Morales (1884–1921) zasłynął lirycznymi opisami rodzinnej Gran Canarii, a jego dom w Moya zamieniono w muzeum.

W uroczym starym budynku z zacisznym ogrodem zebrano zabytkowe meble i pierwsze wydania tomików Moralesa. Na ścianach wiszą fragmenty jego wierszy. Po drugiej stronie ulicy wznosi się kościół parafialny – niebezpiecznie blisko krawędzi wąwozu, do którego runęły już dwie starsze świątynie.

179 D5 Plaza de Tomás Morales, Moya 928/620217 pn.–pt. 9.00–20.00, sb. 10.00–20.00, nd. 10.00–14.00 #116, 117

z Las Palmas, #123 z Arucas
Bezpł.

9 Santa Maria de Guía

To jedna z najstarszych miejscowości na Gran Canarii, założona w 1483 r., kiedy konkwistador Pedro de Vera rozdzielił okoliczne ziemie między swych żołnierzy i miejscową szlachtę. Z ocienionego drzewami głównego rynku rozchodzą się promieniście strome brukowane uliczki.

W Guía urodził się malarz i rzeźbiarz Luján Pérez (1756–1815), którego prace o tematyce religijnej można spotkać na całej wyspie. Artysta zaprojektował też neoklasyczną fasadę kościoła Santa Maria, wykonał do niego kilka rzeźb i ufundował zegar na kościelnej wieży jako dar dla mieszkańców miasteczka.

Główny powód, dla którego przyjeżdża się do Guía, to uroczy staroświecki sklep z serami – najlepsze miejsce na zakup *queso de flor*. Właścicielem jest Santiago Gil Romero (► 101).

178 C5 #103, 105 z Las Palmas

Firgas

Najmniejsza miejscowość na Gran Canarii słynie z wód mineralnych. W centrum uwagę turystów przyciągają Paseo de Gran Canaria – długie schody ze sztucznym wodospadem pośrodku i rzędem kolorowych, wykładanych fajansowymi płytkami ławek wzdłuż jednej ściany (poniżej). Każda ławka jest poświęcona jednemu z 21 miast na Gran Canarii – przedstawia jego herb oraz sceny z codziennego życia. Nieco wyżej Paseo de Canarias w podobny sposób prezentuje wszystkie siedem Wysp Kanaryjskich. Dojazd: z Las Palmas autobusami #201 lub 202, z Arucas #202 lub 211.

10 Gáldar

Gáldar był jedną z dwóch stolic Guanczów na Gran Canarii. Dziś miejscowość umiejętnie wykorzystuje swą historyczną rolę dworu *guanartemes* (królów Guanczów).

Nazwy ulic przypominają o przedhiszpańskiej przeszłości miasta, a pomnik w centrum, odsłonięty w 1986 r. przez króla Juana Carlosa, oddaje hołd Tenesorowi Semidanowi, ostatniemu królowi Gáldaru, który przyjął chrzest z rąk hiszpańskich najeźdźców, a następnie nawrócił swych poddanych.

Gáldar ma ambicje stać się ważnym ośrodkiem turystycznym, na razie jednak pozostaje gwarnym miasteczkiem, którego główna atrakcja, Cueva Pintada (Malowana Jaskinia), jest niemal cały czas nieczynna z powodu prac konserwatorskich. Rekonstrukcję jaskini można obejrzeć w Museo Canario w Las Palmas (➤ 56).

Najładniejsza część miasta to rejon Plaza de Santiago, cichego placu wysadzanego drzewami laurowymi w cieniu neoklasycznego kościoła stojącego na miejscu dawnego pałacu królewskiego Guanczów.

Koniecznie trzeba też zobaczyć imponujące smocze drzewo na dziedzińcu ratusza, zasadzone w 1718 r.

178 B5 #103, 105 z Las Palmas

Gáldar, dawną stolicę Guanczów, ładnie widać z Hoya de Pineda

12 Sardina

Miejscowość jest usytuowana na najdalszym północno-zachodnim krańcu wyspy. Przed przybyciem Hiszpanów był to zapewne ważny port. Z tamtych czasów przetrwało kilka jaskiń mieszkalnych, wykorzystywanych teraz jako hangary na łodzie oraz restauracje. Na niedrogie świeże sardynki najlepiej wybrać się do *Terraza del Ancla* (➤ 101).

W miasteczku są dwie plaże z ciemnym piaskiem. Można też kąpać się przy skałach, z których roztacza się widok od przystani po wybrzeże zachodnie. Miejsce cieszy się większą popularnością wśród miejscowych niż turystów.

178 B5 #103, 105 z Las Palmas do Gáldaru i jeszcze 5 km do Sardiny (brak autobusów)

Trzy atrakcyjne targi

- Arucas (sb.)
- Teror (nd.)
- Vega de San Mateo (nd.)

Sardina to nadal czynny port rybacki

Y He Recordado

Y he recordado
El breve rincón de un pueblecillo
Una casa tranquila inundada de sol
Unas tapias musgosas de encarnado ladrillo
Y un jardín que tenía limoneros
en flor.
I pamiętam
Na skraju wioski
Cichy dom rozświetlony słońcem
Omszałe ściany z czerwonej cegły
I ogród obsypanych kwieciem
cytrynowych drzew.

Tomás Morales
Las Rosas de Hércules (1922)

Gdzie... zjeść i wypić

Ceny
Posiłek dla jednej osoby (bez napojów i opłaty za obsługę) kosztuje:
① do 12 € ② 12–24 € ③ ponad 24 €

Większość restauracji na Gran Canarii jest czynna przez cały rok, ale niektóre mogą być zamknięte na czas urlopu, zwykle w sierpniu.

TEROR

Grill Lo Nuestro ①

Przyjemna knajpka, gdzie podaje się mięso pieczone nad otwartym ogniem. Typowo kanaryjski, rustykalny wystrój z drewnianymi stołami i ławami. Można też skosztować miejscowego sera i ślimaków oraz *papas arrugadas* (➤ 19) z niezłym domowym winem.

179 D4 ✉ Plaza de las Nieves el Palmar ☎ 928/631229 🕐 pn.–sb. 12.00–17.00 i 20.00–1.00, zamkn. IX

Balcón de la Zamora ②

Gośćmi są głównie uczestnicy wycieczek autokarowych, którzy zatrzymują się tu dla wspaniałych widoków i wyśmienitej duszonej jagnięciny. Aby dotrzeć do restauracji, niezbędny jest samochód.

179 D4 ✉ Carretera a Valleseco 8 km ☎ 928/618042 🕐 codz. 12.00–23.00

VALLE DE AGAETE

Casa Romántica ②

Usytuowana w połowie doliny restauracja jest odwiedzana zwłaszcza przez uczestników wycieczek, którzy chętnie spacerują po ogrodach, podziwiając wyjątkową różnorodność drzew owocowych i tropikalnych roślin.
W menu głównie standardowe dania międzynarodowe, ale szef kuchni umiejętnie wykorzystuje produkty z ogrodu, zwłaszcza w pysznych deserach owocowych.

Specjalnością jest też kawa, parzona z ziaren rosnących tylko na Gran Canarii. Można ją kupić w sklepie, podobnie jak inne lokalne specjały – wyroby z aloesu i dżem z papai.

178 C4 ✉ Valle de Agaete ☎ 928/898084 🕐 codz. 10.00–18.00

PUERTO DE LAS NIEVES

Las Nasas ②

Niepozorna knajpka na plaży, serwująca wyśmienite dania rybne. Wnętrze utrzymane w morskim klimacie: porozwieszane sieci, modele statków, obrusy w biało-niebieską kratę.
Stoliki ustawiono również na tarasie, w niewielkiej odległości od plaży, z widokiem na plażowiczów, kutry rybackie i promy kursujące na Teneryfę. Sympatyczni kelnerzy roznoszą metalowe tace z czerwonym i zielonym *mojo* oraz świeżymi rybami, smażonymi bądź z rusztu.
W menu można też znaleźć duży wybór owoców morza.

178 B5 ✉ Calle Nuestra Señora de las Nieves 6 ☎ 928/898650 🕐 codz. 12.00–20.00

VEGA DE SAN MATEO

La Contonera ②

Gwarna restauracja w dawnych zabudowaniach gospodarczych, specjalizująca się w wiejskiej kuchni kanaryjskiej.
W sąsiednich chatach urządzono skansen (codz. 10.00–15.00), do czego nawiązuje również wystrój samego lokalu, z wiszącymi na ścianach zabytkowymi narzędziami gospodarskimi i wielkimi

miechami przy piecu. W menu klasyczne dania w rodzaju zupy z rzeżuchy i atlantyckiego granika (*cherne*) w sosie kolendrowym. Można też skosztować miejscowego wina. Warto przyjechać wcześniej, żeby zwiedzić skansen. Przy restauracji przygotowano również 15 pokoi noclegowych.

179 D4 ✉ Avenida de Tinamar ☎ 928/331374 🕐 pn.–sb. 13.00–16.00 i 21.00–24.00, nd. 13.00–16.00

ARUCAS

Meson de la Montaña ②

Nieco kiczowata restauracja na szczycie wulkanu powyżej Arucas. Obsługa sprawia wrażenie bardzo oficjalnej (kelnerzy występują w kamizelkach i muszkach). W karcie dań dominują specjały kuchni kanaryjskiej i regionalnej hiszpańskiej, a ponadto figuruje kilka oryginalnych potraw, takich jak wołowina w sosie z mango. Długa lista win obejmuje m.in. gatunki kanaryjskie. Jedzenie jest smaczne, ale największą atrakcję stanowi wspaniała panorama Las Palmas, plantacji bananów, a niekiedy nawet Teneryfy. Przy restauracji urządzono plac zabaw dla dzieci.

179 D5 ✉ Montaña de Arucas ☎ 928/600844 🕐 codz. 12.00–24.00

SARDINA

Terraza del Ancla ②

Restauracja rybna na promenadzie, nawiązująca do tradycji *chiringuitos* – chatek na plaży, w których w każdym hiszpańskim porcie rybackim serwowano kiedyś smażone świeże sardynki z nocnego połowu. Konsumpcja przy plastikowych stołach na chodniku, ale rekompensują to wspaniałe widoki i kolorowe kutry. Świeże ryby z grilla, przyrządzone z ziołami, są podawane z grzankami czosnkowymi. W weekendy można spróbować także pysznej *paelli* i *sancocho* (gęsta zupa rybna). Miejsce to trzeba odwiedzić przynajmniej raz.

178 B5 ✉ Avenida Antonio Rosas ☎ 928/551496 🕐 codz. 12.00–2.00

Gdzie... na zakupy

Na targach w Arucas (sb.), Terorze (nd.) i Vega de San Mateo (nd.) można kupić miejscowe produkty rolne, podobnie jak w czynnych codziennie halach targowych w Arucas i Gáldarze. Po nieglazurowaną ceramikę najlepiej udać się do jaskiniowej wioski La Atalaya (► 83).

ARUCAS

Sklep przy **destylarni** Arehucas (► 96) oferuje jasne i ciemne rumy, również 12-letnie, oraz likiery na bazie rumu o smaku bananowym, pomarańczowym, kawowym, migdałowym i miodowym.

W sklepiku na **Plaza San Juan**, przed kościołem, sprzedawana jest ceramika w stylu Guanczów i rozmaite drobiazgi wyrzeźbione z kamienia wulkanicznego.

SANTA MARIA DE GUÍA

Guía słynie z ***queso de flor*** (dosłownie „ser kwiatowy"), produkowanego na wyżynach z krowiego i owczego mleka kwaszonego kwiatami ostu.

Ów specjał najlepiej kupować w sklepiku przy Calle Marqués del Muni 34, głównej drodze przecinającej centrum miasteczka. Jego właściciel, *señor* **Santiago Gil Romero** próbuje zarazić gości swoją miłością do serów, częstując wszystkich plasterkami dojrzałego *queso de flor* z lampką miejscowego czerwonego wina. W tym wyjątkowym sklepie sery dojrzewają na bambusowych matach. Na zakurzonych półkach aż po sufit stoją butelki wina, a na ścianach wiszą wyblakłe wycinki z gazet i plakaty piłkarskie.

Gdzie... się bawić

ŚWIĘTA

San Juan Bautista (24 stycznia): ogniska, tańce i targ bydła w Arucas i Telde z okazji święta tamtejszego patrona.

Santiago (25 lipca): pokazy tradycyjnych tańców i zawody w zapasach kanaryjskich w Gáldarze w dniu św. Jakuba.

Bajada de la Rama (4 sierpnia): mieszkańcy Agaete zbierają w górach sosnowe gałęzie i maszerują nad morze, gdzie uderzają nimi w wodę, modląc się o deszcz. To jedno z najstarszych świąt na Gran Canarii, wywodzące się jeszcze z czasów przedhiszpańskich.

Traída del Agua (12 sierpnia): w dzielnicy Lomo Magullo w Telde mieszkańcy polewają przyjezdnych wodą, naśladując dawny rytuał Guanczów, którzy w ten sposób dziękowali bogu deszczu Alcoránowi.

Santa Maria del Guía (15 sierpnia): tradycyjne obchody święta patronki Guía.

La Virgen del Pino (8 września): pielgrzymi z całej Gran Canarii ściągają do Teroru na wozach wypełnionych plonami, by ofiarować je Matce Boskiej podczas najpopularniejszego święta na wyspie.

Bajada del Cristo (wrzesień): wyrzeźbiona w kukurydzy przez Meksykańskich Indian figurka Chrystusa z kościoła w Telde jest niesiona w uroczystej procesji ulicami miasteczka.

San Mateo (21 września): pielgrzymka i uliczna zabawa w Vega de San Mateo ku czci miejscowego patrona.

Fiesta de la Manzana (pierwsza niedziela października): święto jabłek z okazji zakończenia zbiorów w Valleseco, niedaleko Teroru.

AKTYWNY WYPOCZYNEK

Golf

Na północy Gran Canarii są dwa pola golfowe. Planując wizytę na którymś z nich, warto zaopatrzyć się w list polecający z własnego klubu. **Real Club de Golf de Las Palmas** (☎ 928/350104) to najstarszy klub golfowy w Hiszpanii, założony w 1891 r. i usytuowany na skraju Caldera de Bandama (➤ 82). Teren jest tu dość pofałdowany, a bieżnie wąskie. Na miejscu działa szkółka, zbudowano także sztucznie oświetlone pole do ćwiczeń i hotel. Goście są mile widziani, ale lepiej unikać weekendów. Drugie pole otwarto w 2000 r. w **El Cortijo**, niedaleko Telde (☎ 928/711111; 18 dołków ze sztucznym oświetleniem), 6 km na południe od Las Palmas, przy autostradzie GC1.

Konie

Naukę jazdy konnej, a także wycieczki zorganizowane proponuje **Bandama Golf Club Riding School** (☎ 928/352026).

Surfing

Fale na wysokości **północnego wybrzeża** doskonale nadają się do surfowania na desce bez żagla. Do najlepszych rejonów należą plaże Bañaderos, Quintanilla i San Andrés niedaleko Arucas, San Felipe koło Guía oraz Bocabarranco w okolicach Gáldaru.

Nie trzeba mieć własnego sprzętu, gdyż w każdym z wymienionych miejsc działają wypożyczalnie.

Imprezy sportowe

Carrera de Campeones to międzynarodowy rajd samochodowo-motocyklowy organizowany na torze Islas Canarias koło Telde na przełomie listopada i grudnia. Bilety można rezerwować w domu towarowym El Corte Inglés w Las Palmas; w dniu imprezy są także dostępne w kasie przy wejściu na tor.

Góry Centralne

Orientacja w terenie

Dzikie, majestatyczne, smagane wiatrem wnętrze Gran Canarii robi oszałamiające wrażenie. Szczyty i doliny tworzące *cumbre* (góry w centrum wyspy) są dziełem wulkanów, które uaktywniły się ok. 14 mln lat temu. W wyniku erozji powstał posępny, ale jednocześnie malowniczy krajobraz upstrzony kraterami, wąwozami, urwiskami i potężnymi skalnymi słupami. Każdy zakręt drogi odsłania coraz to nowe fenomenalne widoki. Filozof Miguel de Unamuno (1864–1937) nazwał te tereny „burzą kamieni"; dla XVII-wiecznego historyka Marina y Cubasa była to „kraina czerwonej jak ochra, upieczonej ziemi".

Gdziekolwiek by pojechać, orientację ułatwiają dwie charakterystyczne formacje skalne. Jedną jest potężny masyw Roque Bentaiga – kiedyś święty, dziś wchodzący w skład parku archeologicznego. Druga to smukła i wysoka Roque Nublo, której specyficzny kształt stał się symbolem Gran Canarii.

Obok imponujących wielkością pomników przyrody w centralnej części Gran Canarii nie brak także skromniejszych atrakcji: wokół wiosek z białymi domkami rosną gaje migdałowe i palmo-

★ Trzeba zobaczyć

1 **Artenara** ► 108
4 **Roque Bentaiga** ► 110
5 **Roque Nublo** ► 112

W wolnym czasie

2 Cruz de Tejeda ► 115
3 Tejeda ► 116
6 Pico de las Nieves ► 116
7 San Bartolomé de Tirajana ► 116
8 Santa Lucía ► 117

Str. 103: Tejeda z widoczną w oddali Roque Bentaiga

Po lewej: Poszarpany krajobraz gór łagodzą jeziora i palmy

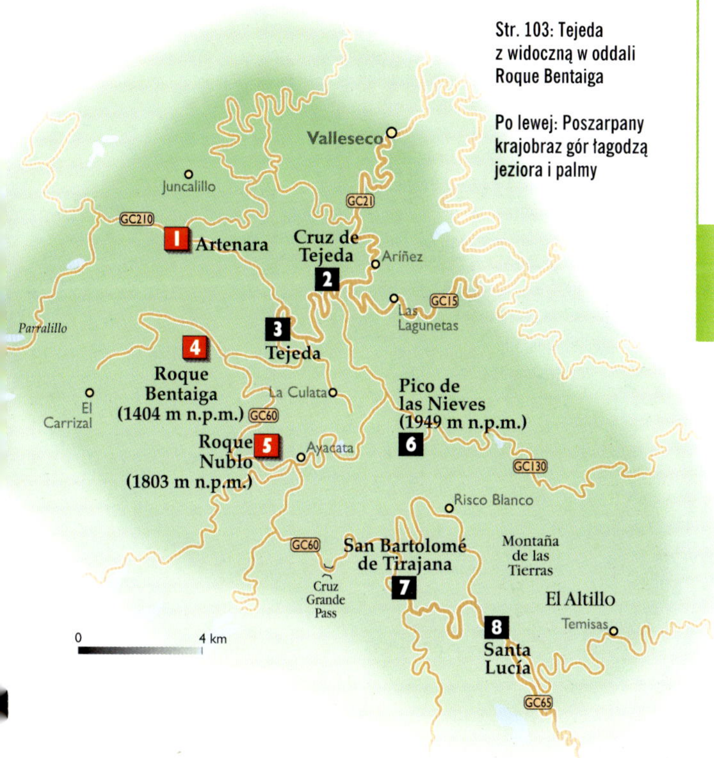

we, a na zboczach gór mienią się na wiosnę wszystkimi kolorami dzikie kwiaty – skalne róże, lawenda czy szczodrzeńce. Po gęstych sosnowych borach, jakie niegdyś porastały te ziemie, pozostał jedynie las Tamadaba.

Tereny w głębi wyspy można zwiedzać na dwa sposoby. Większość turystów urządza sobie jednodniową wycieczkę znad wybrzeża, podróżując wynajętym samochodem i podziwiając widoki przez szybę. Dla kogoś, kto nie ma zbyt wiele czasu, nie jest to złe rozwiązanie, warto jednak zdecydować się na nocleg w tym rejonie, wybrać się w góry, pooddychać powietrzem przesyconym zapachem dzikich ziół, przejść się starymi ścieżkami mulników i dawnymi trasami pielgrzymkowymi (dziś pieczołowicie odnawianymi) – słowem, poznać oblicze Gran Canarii, o którym zdecydowana większość odwiedzających ją osób nie ma najmniejszego pojęcia.

Największą atrakcją dwóch całodniowych pętli zbiegających się w Cruz de Tejeda są oszałamiające górskie krajobrazy oraz wspinaczka na najwyższy szczyt na wyspie.

Środkowa Gran Canaria w dwa dni

Dzień pierwszy

Rano

Po poranku spędzonym w 1 **Artenarze** (➤ 108), najwyżej położonej miejscowości na Gran Canarii, można się wspiąć do kaplicy w jaskini, a potem wrócić na obiad do jaskiniowej restauracji ***La Silla*** (po prawej; ➤ 119).

Po południu

Najlepiej pójść na spacer do sosnowego lasu Tamadaba (poniżej). Szeroka droga gruntowa prowadzi przezeń z parkingu i pola biwakowego do ciągu sztucznych zbiorników wodnych. Resztę leśnego kompleksu można obejrzeć z samochodu, podziwiając jednocześnie wyłaniającą się w oddali z morza Teneryfę. Potem wraca się przez Artenarę i 3 **Tejedę** (➤ 116) do 2 **Cruz de Tejeda** (➤ 115), gdzie na nocleg

zaprasza ***El Refugio*** (➤ 43). Bardziej doświadczonych kierowców z pewnością zainteresuje przepiękna, ale kręta trasa przez wsie **Acusa** i **El Carrizal** (➤ 117), zaczynająca się ok. 3 km na wschód od Tamadaby. Na wycieczkę trzeba przeznaczyć całe popołudnie.

Wieczorem

Warto wdrapać się na wzgórze za ***El Refugio***, by obejrzeć zachód słońca.

Dzień drugi

Rano

Serpentyny prowadzą z powrotem w stronę Tejedy, w cieniu monolitów Roque Bentaiga i Roque Nublo. Skręciwszy za Tejedą w prawo, dojeżdża się do 4 **Roque Bentaiga** (powyżej; ➤ 110), gdzie można zwiedzić muzeum archeologiczne i podejść kawałek w stronę skały. Położona nieco bardziej na południe Ayacata to doskonałe miejsce na obiad w którymś z przydrożnych barów. W *Viuda de Viera* podają znakomite sałatki oraz tradycyjne *papas arrugadas* (kanaryjskie ziemniaki).

Po południu

Podrzędna droga z Ayacaty wiedzie do Cruz de Tejeda. Kamienny krzyż (po prawej) w najwyższym miejscu górskiej przełęczy wskazuje geometryczny środek Gran Canarii. Pierwszym przystankiem jest parking La Goleta, gdzie zaczyna się szlak na 5 **Roque Nublo** (➤ 112). Po zdobyciu góry najlepiej iść dalej, mijając gaje migdałowe i kempingi, by w końcu dotrzeć do rozgałęzienia na 6 **Pico de las Nieves** (➤ 116), najwyższy szczyt wyspy. Wracając tą samą trasą, warto się zatrzymać na chwilę w Mirador de Becerra (➤ 116), skąd roztacza się przepiękna panorama okolicy.

Artenara

Artenara to najwyżej położona miejscowość na Gran Canarii (1260 m n.p.m.), a zarazem jedna z najstarszych osad na wyspie, zamieszkana nieprzerwanie od czasów przed najazdem Hiszpanów w 1478 r. Agresorzy zmienili nazwę na Matías de Artenara, ale później przywrócono jej oryginalne brzmienie. Roztaczająca się stąd panorama porośniętych sosnami wzgórz w głębi wyspy nie ma sobie równych.

Najstarsi mieszkańcy wykuli w skałach **jaskinie mieszkalne**, z których wiele jest wykorzystywanych po dziś dzień – jako „dacze" mieszczuchów z Las Palmas albo oryginalne domy wakacyjne wynajmowane turystom. Najbardziej znaną jaskinią w Artenarze jest kaplica **Virgen de la Cuevita** (Matki Boskiej Jaskiniowej), z którą wiąże się jedno z najbarwniejszych świąt na wyspie (► 120). Sanktuarium zbudowali podobno XIV-wieczni mnisi z Majorki, którzy dotarli na Gran Canarię jako misjonarze jeszcze przed konkwistadorami i najęli do pomocy nawróconych przez siebie tubylców.

Z kościelnego placu w centrum miasteczka prowadzą do kaplicy drogowskazy z napisem „La Cuevita". Z zewnątrz o niezwykłości jaskini świadczy jedynie wzniesiona nad nią dzwonnica. Obecna kaplica, z wykutym w czerwonej skale wulkanicznej ołtarzem, amboną, chórem i konfesjonałem, pochodzi z XVII w. W niszy umieszczono drewniany posąg Matki Boskiej trzymającej w ramionach małego Jezusa.

W zgoła odmiennej skali wykonano drugą, również rzeźbiarską atrakcję turystyczną Artenary: potężną **figurę Chrystusa** z wyciągniętymi szeroko ramionami, ustawioną na wzgórzu powyżej wsi na wzór sławnego posągu w Rio de Janeiro. Warto wspiąć się tutaj ze względu na wspaniałe **widoki** *cumbre*. W oddali widać świetnie Roque Bentaiga (► 110) i Roque Nublo (► 112), a także dolinę Tejeda i otaczające ją urwiska. Tunel poniżej posągu prowadzi przez górę do jaskiniowej restauracji ***La Silla*** (► 119).

Po północnej stronie Artenary, powyżej parku powstał ***mirador*** z widokiem na **Pinar de Tamadaba**, ostatni skrawek pierwotnych lasów na Gran Canarii. Rosnące na tym terenie sosny kanaryjskie przekraczają 30 m wysokości. Cały las można objechać malowniczą jednokierunkową drogą obsypaną szyszkami i igłami. Wytyczono również szlaki turystyczne oraz wyznaczono miejsca na piknik.

Jaskiniowa wieś **Lugarejos** niedaleko Tamadaby słynie z produkcji tradycyjnej ce-

Nad miasteczkiem góruje monumentalny posąg Chrystusa

Widok z Artenary

Jaskinie mieszkalne sąsiadują z nowoczesnymi budynkami

ramiki. Wszystkie surowce – czerwona ochra, glina, sosnowe szpilki i szyszki używane na opał – są miejscowego pochodzenia. Wyroby tutejszych rzemieślników można kupić w muzeum ekologicznym oraz w centrum turystycznym.

CHWILA RELAKSU

Urządzoną w jaskini restaurację *La Silla* (► 119), znaną z autentycznych dań kuchni kanaryjskiej, warto odwiedzić choćby dla samych widoków.

178 C4 #220 z Las Palmas

ARTENARA: WARTO WIEDZIEĆ

Dobra rada Należy zabrać ciepłe ubrania – w zimie, a nawet w letnie wieczory w górach bywa **bardzo chłodno**.

Więcej szczegółów Na spłaszczonym wzgórzu w wiosce **Acusa** niedaleko Artenary istniało kiedyś osiedle Guanczów. Jest to też jedno z zaledwie trzech miejsc na Gran Canarii, w których odkryto ich mumie. Obok zaczyna się malownicza wąska droga schodząca do Barranco de la Aldea i powracająca następnie przez wieś **El Carrizal** (► 117). Mumie, które były owinięte w wyprawione kozie skóry i umieszczone w utkanych z sitowia workach, można obejrzeć w **Museo Canario** w Las Palmas (► 56).

4

Roque Bentaiga

Ta osobliwa skała (1404 m n.p.m.) powstała ponad 3 mln lat temu w wyniku działalności wulkanicznej. Dla Guanczów była miejscem świętym, a zarazem zapewniającym schronienie w razie niebezpieczeństwa. Niedawno archeolodzy natrafili tu na kilka grup jaskiń mieszkalnych wraz ze stodołami, oborami dla bydła i miejscami pochówku. W niektórych grotach zachowały się wymalowane na ścianach symbole płodności. W pobliżu, w najwyższym i najbardziej niedostępnym zakątku wyspy znaleziono *almogarén*, czyli miejsce rytualnych modłów i ofiar. Tutaj także odkryto po raz pierwszy teksty Guanczów zapisane w odmianie alfabetu libijsko-berberyjskiego.

Kroniki podają, że w 1483 r. pod Roque Bentaiga rozegrała się zażarta **bitwa** z hiszpańskimi najeźdźcami. Jeden z konkwistadorów, Sedeño, tak przedstawił ucieczkę Guanczów na skałę po klęsce pod Ajodarem (La Aldea): „Kiedy zapadł zmrok, pozbawieni zapasów Kanaryjczycy i ich przywódca opuścili Ajodar i zaczęli się wspinać doliną San Nicolas do innej fortecy, zwanej Bentaiga, gdzie zaopatrzyli się w żywność. Twierdzę otaczają urwiska, na szczycie których jest kilka jaskiń, mogących pomieścić wielu ludzi, ale prowadzące tam ścieżki są niebezpieczne".

Samotna skała była naturalną fortecą. Kronikarze opisują, jak Hiszpanie próbowali wziąć Guanczów głodem, ale z każdego ataku musieli się wycofywać pod gradem głazów, ponosząc ciężkie

Górskie krajobrazy w okolicach Roque Bentaiga

ROQUE BENTAIGA: WARTO WIEDZIEĆ

Więcej szczegółów **Cueva del Rey**, 2 km na zachód od Roque Bentaiga, to jedna z największych wykutych przez człowieka jaskiń na Gran Canarii (ok. 20 m długości i 11 m szerokości). Nazwa sugeruje, jakoby korzystał z niej król Guanczów (*rey*), ale przypuszczalnie była ona podzielona na mniejsze pomieszczenia używane jako kaplice bądź miejsca spotkań. Wejście do jaskini widać wysoko w ścianie urwiska niedaleko grupy pasterskich szałasów. Niektóre groty w pobliżu do dziś służą jako zagrody dla owiec.

straty. W końcu doszło do bitwy, w której chrześcijan pod wodzą Pedro de Very wspierał Tenesor Semidan, były król Gáldaru, i jego poddani. To tym „zdrajcom" hiszpańscy najeźdźcy zawdzięczają zwycięstwo. Choć po obu stronach zginęło wielu ludzi, Guanczowie w końcu ulegli i zostali zmuszeni do ucieczki do swej ostatniej twierdzy, Fortaleza Grande, niedaleko Santa Lucíi (► 117).

Całą tę historię przybliża niewielkie **muzeum** w Centro de Interpretación w parku archeologicznym Roque Bentaiga. Podpisy opracowano tylko po hiszpańsku, ale dostępne są także broszurki w innych językach, omawiające dokładnie tutejsze znaleziska historyczne i archeologiczne.

Spod muzeum prowadzi **ścieżka** w stronę szczytu Roque Bentaiga. Początkowo jest dość wyraźna, ale po kilku minutach znika i dalej trzeba się wdrapywać na własną rękę.

CHWILA RELAKSU

Aby coś zjeść, należy pojechać do najbliższej miejscowości, czyli do Tejedy. Oczywiście można wziąć na wycieczkę suchy prowiant.

182 C3
4 km na południowy zachód od Tejedy

Centro de Interpretación
928/170384 **codz. 10.30–17.00** **Niedrogo**

5

Roque Nublo

Mimo że Roque Nublo (Skała Chmur) nie jest najwyższym wzniesieniem na Gran Canarii, bez wątpienia uchodzi za symbol wyspy. Charakterystyczny smukły monolit widać z daleka, a krótka wspinaczka na płaskowyż u jego stóp stanowi popularną weekendową wycieczkę.

Wysoka bazaltowa skała wznosi się na grzbiecie powyżej wioski **Ayacata**. Najłatwiej dostać się tam z małego parkingu w La Goleta, przy bocznej szosie z Ayacaty do Cruz de Tejeda, gdzie trzeba zostawić samochód. Prowadzi stąd szeroki szlak pod szczyt, który mija po drodze mniejszą skałę zwaną El Fraile (Mnich), jako że przypomina ona postać modlącego się zakonnika.

Na **szczyt** wiedzie kilka ścieżek, a przejście najkrótszej z nich zajmuje w jedną stronę ok. 45 minut. Kilka odcinków należy do forsownych. Koniecznie trzeba zabrać ze sobą dużo picia.

Trasa zaczyna się **łagodnym podejściem** przez wzgórza porośnięte wilczomleczem i szczodrzeńcem, ale dalej, w sosnowym lesie pod El Fraile, robi się coraz bardziej stroma. W dolinie po lewej stronie widać pięknie Ayacatę. Pokonawszy kilka zakosów, dochodzi się do rozgałęzienia, na którym można albo pójść prosto, by obejść skałę dookoła (zob. dalej), albo skręcić w lewo, na sam szczyt. Zbliżając się do przełęczy, ścieżka zwęża się, a jej ostatni odcinek na płaskowyż (bardzo stromy) jest wyłożony kamieniami.

Widok zapiera dech w piersiach. Na północnym zachodzie bieleją zabudowania Agaete, na horyzoncie majaczy Teneryfa, a na północnym wschodzie wzrok przyciągają trzy charakterystyczne

Wspinaczka na Roque Nublo zaczyna się dobrze oznakowanym szlakiem

W cieniu Roque Nublo leży wioska Tejeda

wzgórza La Isleta w Las Palmas. Po stronie wschodniej skalne tarasy schodzą do wsi La Culata, z tyłu zaś widnieje El Fraile i odległy parking.

Z bliska Roque Nublo wydaje się znacznie większa niż można by przypuszczać, patrząc z daleka. Skała ma 65 m wysokości i aby wdrapać się na jej wierzchołek, niezbędne są spore umiejętności wspinaczkowe.

Kto ma ochotę na **dłuższą wycieczkę**, może wrócić na przełęcz poniżej płaskowyżu i skręcić w prawo w wysypaną żwirem ścieżkę, która okrąża cały masyw, pozwalając obejrzeć Roque Nublo ze wszystkich stron. Obowiązuje prosta zasada: na każdym rozgałęzieniu trzeba wybierać drogę w prawo. Ścieżka jest łatwa, ale mocno zarośnięta, nietrudno więc o zadrapania. Biegnie obok potężnych głazów przez gęstwinę ogóreczników, szczodrzeńców i sosen pod północną ścianę Roque Nublo, gdzie

skała wygląda, jakby ją ustawiono do góry nogami.

Mniej więcej 30-minutowe strome podejście wyprowadza z powrotem do rozgałęzienia, z którego można wrócić na parking.

Czy wiesz, że...

Wymalowany białą farbą krzyż niedaleko wierzchołka Roque Nublo podobno wskazuje geograficzny środek Gran Canarii.

Dwa monolity na szczycie są znane jako „ojciec i syn"

CHWILA RELAKSU

Na **parkingu** stoi zwykle furgonetka z napojami, świeżymi owocami i ciastem migdałowym. Kilka przydrożnych barów działa także w pobliskiej wsi **Ayacata**.

178 C3

ROQUE NUBLO: WARTO WIEDZIEĆ

Dobre rady Lepiej przyjechać **jak najwcześniej**, kiedy słońce świeci mniej intensywnie, jest lepsza widoczność i łatwiej o wolne miejsce na parkingu.

- Nawet latem na szczycie bywa **zimno i wietrznie**, przydaje się więc sweter lub ciepła kurtka.
- **Nie mając samochodu**, można się tu wybrać autobusem #18 z San Fernando o 8.00 i podejść pod Roque Nublo ze wsi Ayacata. Autobus powrotny odjeżdża o 16.45. Warto jednak sprawdzić, czy godziny te nie uległy zmianie.

W wolnym czasie

2 Cruz de Tejeda

Kamienny krzyż na szczycie tej górskiej przełęczy (1450 m n.p.m.), niedaleko Roque Nublo, wskazuje domniemany środek Gran Canarii.

Cruz de Tejeda zawsze stanowił swego rodzaju skrzyżowanie, na którym spotykali się pielgrzymi, pasterze i kupcy, obecnie zaś pełni funkcję ośrodka handlowego i turystycznego w Górach Centralnych.

W ciągu dnia, kiedy przyjeżdżają autokary wycieczkowe oblegane przez sprzedawców tanich pamiątek i właścicieli osiołków oferujących przejażdżki na ich grzbiecie, w miejscu tym panuje iście bazarowa atmosfera. Pod wieczór wszystko się uspokaja i można do woli spacerować pośród sosen i kasztanowców, podziwiając Teneryfę po jednej stronie i równiny San Mateo po drugiej, albo wdrapać się ścieżką za hotelem *El Refugio* (➤ 43), by zobaczyć zachód słońca.

Prócz hotelu działa tutaj także *parador*, zaprojektowany w 1938 r. w stylu kanaryjskim przez Néstora Martina Fernándeza de la Torre. Niestety, od jakiegoś czasu obiekt jest zamknięty z powodu remontu i nie planuje się jego ponownego otwarcia dla gości.

W Cruz de Tejeda zbiegają się *caminos reales* (królewskie ścieżki) z Artenary, San Mateo i Teroru. Krótki szlak prowadzi także do punktu wido-

Dzwonnica na kościele Mariackim w Tejedzie

Pola biwakowe

Narodowa agencja ochrony środowiska ICONA wyznaczyła na Gran Canarii kilkanaście przydrożnych pól biwakowych. Wszystkie są wyposażone w drewniane stoły i ławy, a niektóre także w miejsca na ognisko, toalety, krany z wodą pitną i place zabaw dla dzieci.

Do najpopularniejszych należą:
Cueva de las Niñas (nad zbiornikiem wodnym o tej samej nazwie, na południowy zachód od wsi Ayacata, przy szosie GC605)
Llanos de las Paz (przy drodze z Roque Nublo do Cruz de Tejeda)
Montaña de Santiago (między Ayacatą a zbiornikiem Chira)
Pinar de Tamadaba (w sosnowym lesie koło Artenary)

kowego o nazwie Mirador de Becerra, skąd rozciąga się fantastyczna panorama okolicy.

178 C4 · #305 z Las Palmas

3 Tejeda

Ta cicha wioska z białymi domkami leży w górnej części Barranco de Tejeda, w cieniu potężnej Roque Bentaiga (► 110). Główna ulica bardziej przypomina balkon, z którego roztacza się widok na dolinę. Większość mieszkańców zamieszkuje tarasowate zbocza poniżej kościelnego placu, porośnięte drzewami migdałowymi i cytrusowymi. Wczesną wiosną, kiedy zakwitają migdałowce, w tej malowniczej wiosce obchodzone jest uroczyście święto El Almendro en Flor (► 120; zwykle w pierwszym tygodniu lutego).

178 C3 · #305 z Las Palmas, #18 z Maspalomas

6 Pico de las Nieves

Liczący 1949 m n.p.m. Pico de las Nieves (Śnieżny Szczyt) jest najwyższą górą na Gran Canarii. Na wierzchołku znajdują się instalacje wojskowe, ale z punktu widokowego tuż poniżej również roztacza się wspaniała panorama gór i zachodniej części wyspy. Koło bramy wiodącej do bazy niedawno odrestaurowano studnię Pozo de las Nieves, zbudowaną w 1699 r. przez zakonników, by przechowywać w niej zimowy śnieg. Owijano go starannie w słomiane maty, a kiedy zamienił się w lód, przewożono mułami do Las Palmas, gdzie latem był wykorzystywany podczas operacji w szpitalu.

179 D3

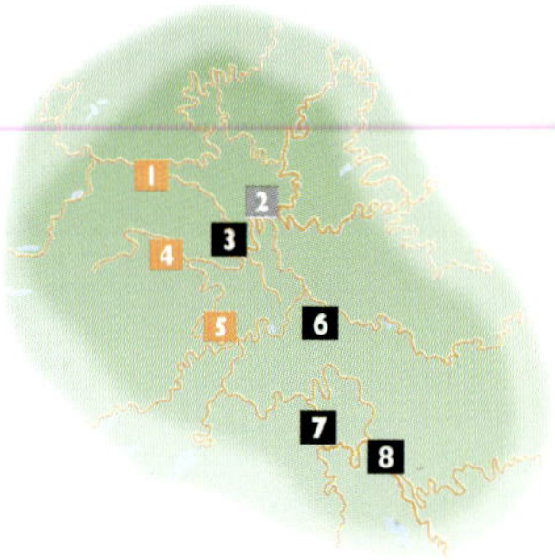

7 San Bartolomé de Tirajana

Trudno uwierzyć, że ta niewielka mieścina jest stolicą prowincji, która obejmuje takie kurorty południo-

Zza palm wyłania się senna miejscowość San Bartolomé de Tirajana

Santa Lucía urzeka sielską atmosferą

we go wybrzeża, jak Maspalomas i Playa del Inglés.

Życie toczy się tu powolnym rytmem, a największym wydarzeniem jest niedzielny targ na placu wokół XVII-wiecznego kościoła. Nieopodal stoi ratusz z drewnianymi galeriami i atrakcyjnym wewnętrznym dziedzińcem. W sąsiednich barach można kupić miejscową wiśniówkę o nazwie *guindilla*.

San Bartolomé leży w górnej części Barranco de Tirajana, na miejscu starszej osady Guanczów zwanej Tunte. Było to prawdopodobnie miejsce święte. Kiedy dotarli tu konkwistadorzy, przywieźli ze sobą obraz św. Jakuba, od czego wzięła się popularna nazwa miasteczka, Santiago de Tunte. Z punktu widokowego usytuowanego nieco na południe od San Bartolomé widać cały *barranco* (wąwóz) aż po południowe wybrzeże wyspy.

179 D3 #18 z Playa del Inglés/Maspalomas, #34 z Agüimes

8 Santa Lucía

Władze Gran Canarii próbują lansować tę jedną z najładniejszych wsi na wyspie jako ważny ośrodek turystyki wiejskiej. Duża liczba malowniczych *casas rurales* (domki do wynajęcia) i *caminos*

Schodząc ze szlaku

Odludna wioska **El Carrizal** wydaje się przyklejona do stromych ścian wąwozu nad zbiornikiem Parralillo. Z tarasu przy wioskowym barze roztacza się piękny widok, a właściciel czasem przyrządza coś do jedzenia. Nie rośnie tu nic prócz palm i opuncji, trudno więc uwierzyć, że ktoś mógł mieszkać w tak ustronnym miejscu, zwłaszcza na małej wyspie.

Do El Carrizal prowadzi kręta, wąska droga odchodząca od szosy GC60 ok. 3 km na północ od Ayacaty. Biegnie ona w dół, ku zbiornikowi, gdzie można skręcić w prawo przez tunel, by po długim podjeździe wyjechać w Artenarze. Przejażdżka wymaga stalowych nerwów i dobrego samochodu. Droga jest w dobrym stanie, ale często spadają na nią skały, a barierki chroniące przed upadkiem w przepaść ustawiono tylko w kilku miejscach. Przed każdym zakrętem należy ostrzegać klaksonem ewentualnych kierowców jadących z przeciwka.

Równie malownicza jest droga wiodąca w lewo, która przez Barranco de la Aldea schodzi do San Nicolás de Tolentino i oceanu.

Stacje benzynowe

W Górach Centralnych paliwo można zatankować m.in. w Artenarze, San Bartolomé de Tirajana, Santa Lucíi i Tejedzie.

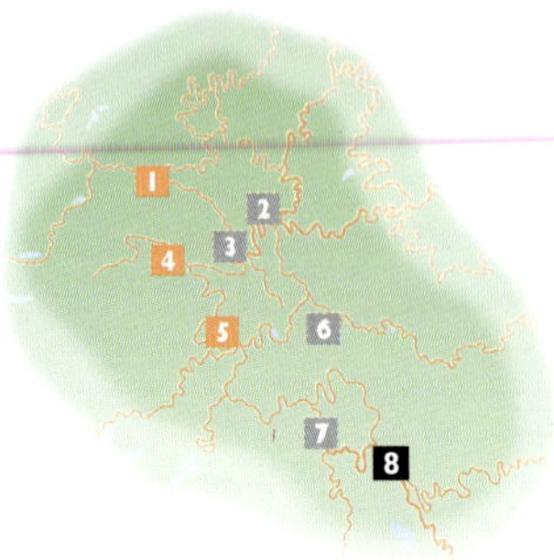

(szlaki turystyczne) sprawia, że jest to niezła górska baza, łatwo dostępna także dla tych, którzy wolą spędzać wakacje nad morzem.

Do Santa Lucíi przyjeżdża sporo turystów, ale większość z nich ogranicza się do zaliczenia Museo Castillo de la Fortaleza (muzeum Wysp Kanaryjskich), mieszczącego się w pseudozamku w ogrodach restauracji *Hao* (➤ 119). Wśród eksponatów są rzymskie amfory, ceramika i broń Guanczów, narzędzia rolnicze i wypchane ptaki. Warto też zwiedzić resztę wsi, m.in. przykryty białą kopułą neoklasyczny kościółek pośród palm i ogrodów.

Na południe prowadzi szlak do Fortaleza Grande, naturalnego skalnego bastionu, który stał się w 1483 r. ostatnim punktem oporu Guanczów po klęsce pod Roque Bentaiga (➤ 110). Około 1600 mężczyzn i kobiet, którzy zignorowali rozkazy swego króla Tenesora Semidana, by poddać się Hiszpanom, schroniło się w tym miejscu, po czym, nie godząc się z porażką, popełniło samobójstwo, rzucając się w przepaść.

179 D3 #34 z Agüimes lub San Bartolomé de Tirajana

Museo Castillo de la Fortaleza

Calle Tomás Arroyo Cardosa
928/798007 codz. 9.00–17.00
Niedrogo

Cztery atrakcyjne górskie wioski

- Cercados de Araña
- El Carrizal
- La Culata
- Las Lagunetas

Wśród eksponatów w Museo Castillo de la Fortaleza są między innymi mumie Guanczów

Gdzie... zjeść i wypić

Ceny
Posiłek dla jednej osoby (bez napojów i opłaty za obsługę) kosztuje:
① do 12 € ② 12–24 € ③ ponad 24 €

Większość restauracji na Gran Canarii jest czynna przez cały rok, ale niektóre mogą być zamknięte na czas urlopu, zwykle w sierpniu.

ARTENARA

La Silla ②
We wsi pełnej jaskiń mieszkalnych restauracja urządzona w grocie wydaje się czymś oczywistym, a lepszą lokalizację trudno sobie nawet wyobrazić. Niewielka przełęcz prowadzi do tunelu, który wychodzi na nasłoneczniony naturalny taras pod skalnym nawisem, z fantastyczną panoramą gór. Jeśli słońce grzeje zbyt mocno, można usiąść przy stoliku w którejś z kilku chłodnych pieczar. W menu kuchnia kanaryjska (głównie mięsa z rusztu), ale większą atrakcją są widoki.
178 C4 ✉ Carretera La Silla 9 ☎ 928/666108 ⌚ codz. 11.30–17.30

CRUZ DE TEJEDA

El Refugio ②
Hotelowa restauracja jest jedynym miejscem, w którym można coś zjeść po zmroku. Większość klientów stanowią goście hotelu, posilający się po powrocie z górskich wycieczek. Jedzenie jest typowo kanaryjskie, sycące i pyszne.
178 C4 ✉ Cruz de Tejeda ☎ 928/666188 ⌚ codz. 12.00–15.00 i 20.00–22.00

Yolanda ②–③
Na tablicy widnieje napis: „Cordero, cochinillo, cabrito, conejo, Canario" („jagnię, prosię, koźlę, królik, kanaryjskie"), i tego właśnie należy się tu spodziewać. Specjalnością restauracji są pieczenie, zwłaszcza delikatne, chrupiące prosię podawane z ziemniakami i prażonym pieprzem. Porcje są ogromne, a ceny odpowiednio wysokie. Z tarasu widać Teneryfę.
178 C4 ✉ Cruz de Tejeda ☎ 928/666276 ⌚ codz. 9.00–19.00

SANTA LUCÍA

El Alpendre ②
Lokal niełatwo znaleźć, jako że jest schowany na skraju Barranco de Tirajana, przy bocznej drodze do Fortaleza Grande. To prawdziwa wiejska restauracja, popularna wśród Kanaryjczyków. Nad buzującym w palenisku ogniem pieką się smakowite steki, którymi można się zajadać przy drewnianych stołach na tarasie, podziwiając widoki na cichą dolinę i okoliczne wzgórza.
179 D3 ✉ La Sorrueda ☎ 928/798449 ⌚ codz. 13.00–16.00 i 20.00–23.00, zamkn. w czw. wieczory

Hao ②
Popularna wśród turystów autentyczna kanaryjska restauracja wyróżnia się masywnymi drewnianymi stołami i przyciętymi pniakami zamiast krzeseł. Specjalnością lokalu są dania z rusztu; do tego marynowane oliwki, *papas arrugadas* (➤ 19) i świeży kozi ser. W sklepiku można kupić likiery, leki ziołowe i pamiątki. W sąsiedztwie jest zlokalizowane muzeum Wysp Kanaryjskich.
179 D3 ✉ Calle Tomás Arroyo Cardosa ☎ 928/798007 ⌚ codz. 9.00–18.00

Gdzie... na zakupy

Sklepów w tej części Gran Canarii jest raczej niewiele. Na **straganach** w Cruz de Tejeda można kupić koszulki, pamiątki, migdały, ciasto migdałowe, suszone i świeże owoce oraz *bienmesabe* (syrop migdałowy).

W Tejedzie cukiernia **Dulcería Nublo** zaprasza na pyszne słodkości: herbatniki i *mazapan* (ciasto migdałowe).

W Artenarze, miasteczku intensywnie promującym kanaryjskie rzemiosło ludowe, sprzedaje się artykuły ceramiczne, kosze i ręcznie robione tkaniny.

Tradycyjna ceramika i inne wyroby kanaryjskich rzemieślników są też dostępne w jaskiniowej wiosce Lugarejos (➤ 108) oraz w górskiej miejscowości Santa Lucía (➤ 117).

Gdzie... się bawić

ŚWIĘTA

El Almendro en Flor (początek lutego): święto kwiatów migdałowca, połączone z degustacją miejscowych przysmaków, obchodzone w Tejedzie (➤ 116).

San Isidro (15 maja): jarmark rolniczy w Artenarze (➤ 108), z muzyką, tańcami i pokazami folkloru.

Santiago de Tunte (25 lipca): pielgrzymki i procesje religijne w San Bartolomé de Tirajana (➤ 116), odbywające się ku czci patrona wsi.

La Virgen de la Cuevita (ostatnia niedziela sierpnia): tańce ludowe, pokazy sztucznych ogni i procesja w Artenarze (➤ 108).

La Virgen del Socorro (15 września): ulicami Tejedy (➤ 116) przechodzi uroczysta procesja z obrazem Matki Boskiej z miejscowego kościoła.

Santa Lucía (13 grudnia): szwedzkie święto zimowe łączące tradycje skandynawskie i kanaryjskie; tydzień parad ulicznych ku czci patrona miejscowości (➤ 117).

Festival de los Labradores (20 grudnia): mieszkańcy Santa Lucíi obchodzą święto robotników, przebierając się w stroje wieśniaków i niosąc narzędzia rolnicze.

AKTYWNY WYPOCZYNEK

Najpopularniejszymi formami aktywnego wypoczynku w Górach Centralnych są **piesze i rowerowe wycieczki**, **wędkarstwo** oraz **myślistwo**.

Najlepsze **szlaki turystyczne** to sieć odrestaurowanych *caminos reales* (królewskie ścieżki) – górskich dróg i szlaków poganiaczy mułów, które niegdyś stanowiły główne trasy komunikacyjne w głębi wyspy. W mapy i przewodniki można się zaopatrzyć w państwowej księgarni w Las Palmas (➤ 74). **Euroguias** (➤ 150) oferuje wycieczki z przewodnikiem, m.in. z Cruz de Tejeda do Artenary. Warto pamiętać, że pogoda w górach jest bardziej zmienna niż na wybrzeżu, trzeba więc zabrać ciepłą odzież, a także prowiant, zapas wody i solidne buty.

Wędkować można w zbiornikach Chira i Cueva de las Niñas, ale wymagane jest stosowne zezwolenie (pytać w biurach informacji turystycznej).

Imprezy sportowe

W marcu lub kwietniu odbywa się dwudniowy rajd El Corte Inglés. Trasa biegnie przez Ayacatę, Artenarę i Cruz de Tejeda. Szczegółowych informacji należy szukać w Internecie, odwiedzając stronę: www.rallydecanarias.com.

Południe

Orientacja w terenie

Kraina złocistego piasku, błękitnego nieba i słońca zaczyna się w San Agustín i ciągnie długim łukiem wzdłuż południowego wybrzeża Gran Canarii aż po Puerto de Mogán. Wiejące na północy pasaty i deszczowe chmury zatrzymują się na Górach Centralnych, dzięki czemu na południu przez cały rok świeci słońce. Zimą w tej części wyspy można się opalać na plaży i jednocześnie oglądać śnieg na zboczach gór.

Mimo atrakcji, jakie oferuje Las Palmas i środkowa część wyspy, nadal większość gości odwiedzających Gran Canarię zatrzymuje się na południowym wybrzeżu, często nie wychylając nosa poza granice wybranego kurortu. Tutejsze miejscowości wczasowe różnią się między sobą: jedne są wytworne, stateczne i przyciągają raczej starszą klientelę, inne bardziej rozrywkowe. W Puerto Rico wypoczywają głównie rodziny z dziećmi i amatorzy sportów wodnych, San Agustín odwiedzają starsze małżeństwa, a Playa del Inglés to raj dla miłośników całonocnych imprez. Najbardziej eleganckie i najdroższe są Maspalomas i Puerto de Mogán. W niektórych miejscach rozwój infrastruktury zaszkodził krajobrazom, ale w innych podkreślił ich walory, czego przykładem są willowe osiedla w Puerto de Mogán i apartamentowce w Puerto Rico.

Aby poznać zupełnie inną Gran Canarię, nie trzeba się zbytnio oddalać od wybrzeża. Ciche miasteczka i wsie, takie jak Agüimes czy Fataga, oraz *barrancos* (wąwozy) schodzące z gór nad samo morze są oddalone o kilkanaście lub kilkadziesiąt minut jazdy

samochodem. Na dzikim zachodnim wybrzeżu za Puerto de Mogán wciąż można znaleźć odludne plaże i zobaczyć, jak kiedyś wyglądała cała wyspa.

Timeshare

Na południowym wybrzeżu można się zetknąć z propozycjami bezpłatnych wycieczek lub nagród za udział w prezentacji wakacyjnych domów sprzedawanych w systemie *timeshare* (➤ 40).

Str. 121: Malownicze Dunas de Maspalomas

Dwa oblicza Puerto Rico: Playa de los Amadores (po lewej) i przystań (powyżej)

★ Trzeba zobaczyć

W wolnym czasie

Od plaż po *barrancos* – malownicza trasa ukazująca niezwykłą różnorodność południowej Gran Canarii.

Południowa Gran Canaria w dwa dni

Dzień pierwszy

Rano

Pierwszy etap wycieczki to przejazd z Agüimes do 1 **Barranco de Guayadeque** (➤ 126), pięknego górskiego wąwozu (po lewej). Po kawie we wsi **Cuevas Bermejas** (➤ 127) tą samą drogą można pojechać do końca, na obiad w restauracji ***Tagoror*** (➤ 145).

Po południu

Wyjeżdżając z doliny, warto się zatrzymać na krótki spacer po starówce w 2 **Agüimes** (➤ 140), a potem zjechać nad morze do 3 **Playa del Inglés** (➤ 129). Najszybsza i najkrótsza droga to autostrada GC1, ale znacznie bardziej urokliwa jest kręta górska szosa przez Santa Lucíę i 5 **Barranco de Fataga** (➤ 140). W Playa del Inglés najlepiej od razu skierować się w stronę plaży, na promenadę wzdłuż Paseo Costa Canaria, a o zachodzie słońca przejść się na 4 **Dunas de Maspalomas** (poniżej; ➤ 132).

Wieczorem

Po kolacji w którejś z restauracji przy plaży nie zaszkodzi wybrać się do jednego z kompleksów handlowych: **Kasbah**, **Metro** bądź **Yumbo** (➤ 148), gdzie kwitnie życie nocne, zwłaszcza po północy.

Dzień drugi

Rano

Na zwiedzanie 6 **Palmitos Parque** (➤ 136), połączone z udziałem w pokazie ptaków drapieżnych i papug (powyżej), trzeba przeznaczyć kilka godzin. W parkowej kawiarni z tarasem można coś przekąsić.

Po południu

Z dziećmi najlepiej wybrać się na baseny i zjeżdżalnie w **Aqua Sur** (➤ 143; przy tej samej drodze co Palmitos Parque), ewentualnie zdecydować się na przejażdżkę starą nadmorską drogą przez 7 **Arguineguín** (➤ 141), a później korzystać przez godzinę lub dwie z uroków plaży w 8 **Puerto Rico** (po lewej; ➤ 142).

Wieczorem

Droga wzdłuż wybrzeża prowadzi dalej do 9 **Puerto de Mogán** (po prawej; ➤ 138), gdzie można się czegoś napić koło przystani, podziwiając zachód słońca. Po krótkim spacerze pora na kolację, np. świeżą rybę w ***La Cofradía de Pescadores*** (➤ 146).

0

Barranco de Guayadeque

Niedaleko zatłoczonych plaż południowego wybrzeża można spotkać ludzi, którzy nadal mieszkają w jaskiniach i pasą kozy niemal tak samo, jak robili to ich przodkowie, nim wyspę podbili Hiszpanie. W tym przepięknym wąwozie między Agüimes a Ingenio duchowi potomkowie Guanczów kultywują przedhiszpański styl życia na Gran Canarii.

Barranco de Guayadeque przecina wyspę od wysokich gór w centrum aż po wybrzeże. Nazwa wąwozu pochodzi z języka Guanczów i oznacza „miejsce, w którym płynie woda", kiedyś bowiem było to porośnięte trzcinami koryto rzeki. Nadal występuje tu ok. 80 endemicznych gatunków **roślin**, m.in. rodzima odmiana róży skalnej, a także palmy kanaryjskie

Droga do Guayadeque biegnie dnem doliny

Skalna kaplica we wsi Cuevas Bermejas

i wilczomlecze. Cały wąwóz został uznany za rezerwat przyrody i park archeologiczny.

W Guayadeque istniała spora **osada Guanczów** i to stąd pochodzi wiele eksponatów wystawianych w Museo Canario w Las Palmas (► 56). Najdawniejsi mieszkańcy doliny żyli w jaskiniach po jej nasłonecznionej stronie wschodniej, zmarłych zaś chowali w pieczarach po ocienionej stronie zachodniej. Wysoko w ścianach kanionu przy jego wylocie widać wejścia do niektórych grot. Do kilku jaskiń można wchodzić, ale wspinaczka stromymi ścieżkami jest bardzo trudna.

Na dno doliny prowadzi asfaltowa droga z Agüimes, która wkrótce dociera do wsi **Cuevas Bermejas** (Szkarłatne Jaskinie), gdzie w czerwonej wulkanicznej skale wykuto kilka sztucznych jaskiń mieszkalnych, obecnie często wyposażonych w nowoczesne udogodnienia, takie jak baterie słoneczne czy anteny telewizyjne. Sielskiej scenerii dopełniają ogródki, donice z kwiatami, psy i koty. Niektórzy mieszkańcy w osobnych grotach trzymają samochody, inni zaś kury i kozy, wypuszczane każdego dnia na pastwiska na usytuowanym powyżej płaskowyżu. Do jaskiń prowadzi ścieżka, która zaczyna się naprzeciwko parkingu, po czym wspina się stromo po urwisku. Dwa jaskiniowe bary w wiosce serwują przekąski, m.in. oliwki i *papas arrugadas* (► 19). Nieopodal można znaleźć również wykutą w skale skromną kaplicę. Zmieniły się imiona bogów, a styl życia mieszkańców Cuevas Bermejas jest dziś bardziej kwestią świadomego wyboru niż konieczności, ale chyba najbliżej im do XV-wiecznych Guanczów.

Za Cuevas Bermejas ściany kanionu wznoszą się na wysokość 300 m, na zboczach zaś pojawiają się tarasy z sadami drzew migdałowych, których kwitnące kwiaty wiosną przykrywają dolinę pięknym białym kobiercem. W **Montaña de las Tierras** urządzono przydrożne pole biwakowe z ławkami, stołami i miejscem do grillowania w cieniu dwóch eukaliptusów. Kawałek dalej droga kończy się obok słynnej restauracji ***Tagoror*** (► 145), mieszczącej się w jaskiniach usytuowanych wysoko nad dnem wąwozu. Ścieżka spod restauracji prowadzi do innej, jeszcze bardziej odludnej osady jaskiń mieszkalnych.

Dalej nie da się jechać samochodem, ale można pójść na **pieszą wycieczkę** drogą, która pnie się przez gaje oliwno-migdałowe i sosnowe lasy w stronę centrum wyspy. Trasa jest piękna, ale odpowiednia jedynie dla doświadczonych turystów z dobrą mapą lub w towarzystwie przewodnika.

CHWILA RELAKSU

Na przekąskę zapraszają jaskiniowe bary w **Cuevas Bermejas**, ale na obiad najlepszym miejscem jest *Tagoror* (► 145).

179 D3 #11, 21 z Las Palmas; #41, 52 z Maspalomas do Agüimes, a potem taksówką

Jaskinie mieszkalne są ciepłe zimą i chłodne latem

BARRANCO DE GUAYADEQUE: WARTO WIEDZIEĆ

Dobra rada Najlepiej przyjechać tu w niedzielę, kiedy w restauracji ***Tagoror*** podają gęstą zupę rybną *sancocho*, a do doliny ciągną całymi rodzinami wyspiarze, by spędzić przyjemnie czas na grillowaniu.

Ukryty skarb Wyjeżdżając z doliny, koniecznie trzeba się przespacerować po starówce w **Agüimes** (► 140). W pobliskim Ingenio działa **Museo de Piedra y Artesanía** (☎ 928/781124, pn.–sb. 8.00–18.30), prezentujące kolekcję pięknych koronek (*calados*) i haftów (*bondados*), z których słynie ten region. Wyroby miejscowych rzemieślników można też kupić.

Więcej szczegółów Aby dowiedzieć się czegoś więcej o Barranco de Guayadeque, warto zajrzeć do **centrum informacyjnego** przy drodze do Agüimes (wt.–sb. 9.00–19.00, nd. 10.00–18.00).

3

Playa del Inglés

Playa del Inglés, gdzie kiedyś z trudem uprawiano pomidory, dziś jest prężnym ośrodkiem najbardziej dochodowego na Gran Canarii przemysłu turystycznego. Warto wybrać się przynajmniej na jednodniową wycieczkę, by zobaczyć, jak udało się zamienić skaliste nieużytki w tętniący życiem, czynny przez cały rok kompleks wczasowy, równie wielki i krzykliwy jak kurorty na Teneryfie, Majorce czy Costa Brava. Pośród niezliczonych hoteli, apartamentowców, domów do wynajęcia i domków kempingowych na „Angielskiej Plaży" wielojęzyczny tłum spędza urlopy w szwedzkich restauracjach i niemieckich barach, kompleksach handlowych i klubach nocnych, na boiskach sportowych i polach do minigolfa.

Skutery wodne to tylko jedna z wielu propozycji dla amatorów sportów wodnych na Gran Canarii

Wzdłuż pięknej złocistej **plaży**, która liczy ponad 5 km długości i częściowo graniczy z Dunas de Maspalomas (► 132), biegnie Paseo Costa Canaria, opanowana przez wypożyczalnie rowerów wodnych, sprzętu sportowego, parasoli i leżaków, a także restauracje i bary.

Środkowa część plaży jest zawsze zatłoczona, ale zazwyczaj udaje się znaleźć jakiś spokojniejszy zakątek, zwłaszcza na długim odcinku dla nudystów, między Maspalomas a Playa del Inglés. Sama promenada, będąca fragmentem dłuższej trasy wzdłuż południowego wybrzeża (► 158), stanowi bardzo przy-

W barach przy plaży rozbrzmiewa wielojęzyczny gwar

jemne miejsce na spacery, szczególnie o zachodzie słońca. Na wydmy można się dostać bezpośrednio z plaż w Maspalomas i Playa del Inglés lub z punktu widokowego za hotelem *Riu Palace Maspalomas* (► 44).

Większość gości znajduje w Playa del Inglés wszystko, czego im potrzeba, choć niektórym miasto wydaje się cokolwiek sztuczne, brak tu bowiem zabytkowej starówki z głównym rynkiem, stanowiących naturalne centrum w typowych hiszpańskich miejscowościach. Tutaj ludzie spotykają się na **placach** w obrębie *centros comerciales* (kompleksy handlowe), z których najbardziej znany to Yumbo (jest tam m.in. biuro informacji turystycznej). Konkurują z nim Cita i Kasbah (tu koncentruje się młodzieżowe życie nocne).

W pobliżu Kasbah próbowano stworzyć coś w rodzaju centrum kurortu, otwierając w 1971 r. ekumeniczny **kościół San Salvador**. Świątynia ma kształt statku, którego poskręcana fasada z kutego żelaza symbolizuje podzielony świat chrześcijański. Ołtarz wykuto z czerwonej skały wulkanicznej. Nabożeństwa są odprawiane w języku hiszpańskim, angielskim i niemieckim.

Playa del Inglés to największy kurort w konurbacji rozciągającej się od San Agustín po Maspalomas i dalej. W ostatnich latach wylansowano dla niej nową nazwę **Costa Canaria**. Każda miejscowość ma odrębny charakter. San Agustín jest staromodnie wytworne, w Playa del Inglés króluje młodość i otwartość na świat, a Las Maloneras (za latarnią morską w Maspalomas) to ekskluzywny ośrodek wczasowy z luksusowymi hotelami, centrum konferencyjnym i własnym kompleksem handlowym. W San Fernando, w głębi lądu na wysokości Playa del Inglés, mieszkają z kolei wyspiarze pracujący w tutejszym przemyśle turystycznym. Tylko tam, w sklepikach i barach od-

Conde de la Vega Grande

W znacznej mierze za rozwój tej części Gran Canarii odpowiada jeden człowiek: Alejandro del Castillo, hrabia de la Vega Grande, który wybudował pierwsze hotele turystyczne na południowym wybrzeżu. W zależności od punktu widzenia dla jednych stał się w ten sposób bohaterem, dla innych zaś winnym wszelkich nieszczęść. Zapoczątkowany przez hrabiego boom budowlany trwał przez całe lata 60. i 70. ubiegłego wieku, a jego efektem jest dzisiejsze Playa del Inglés, miasto wieżowców i szerokich bulwarów, których nazwy (Inglaterra, Alemania, Francia, Italia, Finlandia, Estados Unidos) nawiązują do krajów pochodzenia gości kurortu. Niestety, jedyne przyjemne miejsce na spacery to nadmorska promenada.

wiedzanych zarówno przez miejscowych, jak i turystów, można znaleźć nieco autentycznego hiszpańskiego życia.

CHWILA RELAKSU

Restauracje i bary spotyka się niemal na każdym kroku, zwłaszcza w kompleksach handlowych, za plażą i przy Avenida de Tirajana. Typowe dania kuchni hiszpańskiej proponuje *Las Cumbres* (► 145).

183 D1 #1, 4, 5, 25, 29, 30, 32, 36, 45, 61, 66, 72, 90

Biuro informacji turystycznej
185 D4 Avenida España, centrum handlowe Yumbo
928/771550 pn.–pt. 9.00–21.00, sb. 9.00–14.00

Templo Ecuménico de San Salvador
185 E4 Plaza de Maspalomas 928/684055 codz. 6.00–21.30 oraz w czasie nabożeństw w weekendy Bezpł.

PLAYA DEL INGLÉS: WARTO WIEDZIEĆ

Dobra rada Po rozległym kurorcie kursują **autobusy**, warto więc zaopatrzyć się w **mapkę lokalnych połączeń autobusowych** w biurze informacji turystycznej w centrum handlowym Yumbo.

W kościele San Salvador nabożeństwa są odprawiane w trzech językach

4

Dunas de Maspalomas

Imponujące, surrealistyczne wydmy, jakby przeniesione do tego najdalej na południe wysuniętego zakątka wyspy wprost z Sahary, należą do największych atrakcji krajobrazowych Gran Canarii.

Piaszczyste wzgórza i doliny zajmują obszar 4 km^2 między Maspalomas a Playa del Inglés. Drobne ziarenka piasku są pozostałością morza, które wycofało się stąd pod koniec epoki lodowcowej. Spacer na bosaka po rozgrzanych w słońcu wydmach i przyglądanie się, jak z każdym powiewem wiatru

Na ruchomych wydmach najlepiej chodzić po cudzych śladach

Na plaży można wypożyczać parasole i leżaki

zmienia się ich kształt, to niezapomniane przeżycie.

Po wydmach można wędrować bez żadnych ograniczeń, trzeba jednak pamiętać, że wchodzą one w skład objętego ochroną **rezerwatu przyrody**, w którym nie wolno zrywać roślin, płoszyć zwierząt ani ruszać kamieni. Dozwolone jest za to opalanie się – okolice te upodobali sobie zwłaszcza nudyści i geje. Centrum safari na zachodnich obrzeżach wydm oferuje przejażdżki na wielbłądzie, czemu jednakże sprzeciwiają się ekolodzy. Uważają, że ten rodzaj atrakcji w nieodwracalny sposób narusza delikatny ekosystem.

Dużą popularnością cieszy się plaża w Maspalomas, której znakiem rozpoznawczym jest najwyższa na Wyspach Kanaryjskich latarnia morska, **Faro de Maspalomas** (56 m). Promenada prowadzi stąd do **Las Meloneras**, osłoniętej zatoki niegdyś odwiedzanej chętnie przez miejscowych. Dziś tę część wybrzeża zajmuje luksusowy ośrodek wczasowy zbudowany na wzór tradycyjnej kanaryjskiej wioski z własnym kompleksem handlowym.

Sąsiednie **Maspalomas** ma niską zabudowę, na którą składają się głównie eleganckie domki i wille w zadbanych ogrodach. Sporo miejsc noclegowych można znaleźć na tyłach pola golfowego, w dzielnicy Campo Internacional, gdzie poszczególne ulice noszą nazwy biur podróży, którym region ten w dużej mierze zawdzięcza zamożność. Tutaj też jest usytuowany kompleks handlowy **Faro 2**.

Plaża Maspalomas w ostatnich latach bardzo się zmieniła. Kiedy w 1886 r. wybudowano w tym miejscu latarnię morską, dojazd do niej zapewniała jedna droga gruntowa, a większość zaopatrzenia dostarczano łodzią. Pierwszy pomysł, by na tej, jak pisano, „ustronnej plaży" zbudować dla turystów *parador* (państwowy hotel), zoo i tor wyścigowy, pojawił się w latach 50. XX stulecia. Jej właściciel, hrabia de la Vega

La Charca

Położona na zachodnim krańcu wydm La Charca to częściowo słodkowodna laguna, wokół której w trzcinach i na bagnach żyje wiele gatunków ptaków, również wędrownych.

Przez cały rok można tu zobaczyć pustułki, czaple szare, mewy i sieweczki morskie, a od lutego do czerwca w zagajnikach tamaryszkowych gnieżdżą się pokrzewki śródziemnomorskie. Podczas przypływu pojawiają się barweny, na brzegach przemykają jaszczurki, a o zmroku udaje się niekiedy zaobserwować polujące rybołowy. Na zachód od ujścia laguny ciągnie się zagajnik palm kanaryjskich, docierając aż po rejon zwany El Oasis, gdzie wybudowano kilka z najdroższych hoteli na wyspie.

Grande (➤ 130) nie zgodził się, poparł za to projekt stworzenia wielkiego kompleksu wczasowego, i tak zaczęła się bitwa o wydmy.

W 1968 r. wybudowano pole golfowe, wdzierając się na teren wydm. Nieopodal powstał też osławiony hotel *Dunas*, zburzony ostatecznie w 1989 r.

Ekolodzy nadal protestują przeciwko barom na plaży i zagrodom dla wielbłądów, ale Dunas de Maspalomas są dziś lepiej chronione niż kiedykolwiek wcześniej, a inwestorom i obrońcom przyrody udało się osiągnąć jako taki kompromis.

Usytuowany bardziej w głębi lądu **Sonnenland** to nowy ośrodek wypoczynkowy z widokiem na wydmy, a na północ od Maspalomas, po drugiej stronie autostrady rozciągają się **El Tablero**, wiejskie przedmieścia o wyraźnie hiszpańskiej atmosferze.

Dosiadłszy wielbłąda, można się poczuć jak na Saharze

CHWILA RELAKSU

Najbliższe restauracje mieszczą się w **kompleksie handlowym Oasis**, przy uliczkach za plażą Maspalomas. Na obiad dość atrakcyjną cenowo propozycją jest szwedzki stół w ***La Foresta*** (➤ 145) w hotelu *Riu Grand Palace* (Maspalomas Oasis).

179 D1 #5, 25, 29, 30, 36, 44, 50, 90

Biuro informacji turystycznej
Mirador Campo de Golf (między Campo Internacional a Playa del Inglés) 928/769585 pn.–pt. 9.00–16.00, sb. 9.00–14.00

DUNAS DE MASPALOMAS: WARTO WIEDZIEĆ

Dobre rady Na wycieczkę po wydmach należy zabrać dużo **wody**, ponieważ bardzo łatwo o odwodnienie organizmu. Na ogół po piasku łatwiej chodzi się bez butów. Więcej porad dotyczących wędrówek przez wydmy można znaleźć w opisie pieszej wycieczki na Costa Canaria (► 158).
• Za Faro de Maspalomas (latarnią morską) ciągnie się kamienista **Playa de las Mujeres**, gdzie panują niezłe warunki do uprawiania surfingu i windsurfingu.
• Do najbardziej malowniczych **widoków** na wydmach należy zachód słońca z tarasu hotelu *Riu Palace Maspalomas* w Playa del Inglés (► 44).

Więcej szczegółów W **centrum informacyjnym** rezerwatu Dunas de Maspalomas urządzono stałą ekspozycję poświęconą historii i ekologii wydm. Centrum (czynne codz., ale w bardzo nieregularnych godzinach) jest zlokalizowane w Playa del Inglés, za hotelem *Riu Palace Maspalomas*, obok wychodzącego na wydmy punktu widokowego.

Orientację podczas wędrówki po wydmach ułatwia latarnia morska

6

Palmitos Parque

Najpopularniejszym celem rodzinnych wycieczek na Gran Canarii jest podzwrotnikowy park w zielonym Barranco de Chamoriscán, gdzie pośród palm żyje ponad 200 gatunków ptaków, takich jak ary, tukany, dzioborożce, flamingi, kakadu, pawie i żurawie. Inne atrakcje to ogród kaktusowy, cieplarnia z orchideami, akwarium i pawilon z motylami.

W parku umiejętnie udało się połączyć walory edukacyjne i rozrywkowe z ochroną przyrody. Większość gości udaje się od razu na **pokazy papug**, które odbywają się na tarasie kawiarni, koło wejścia, co godzina od 11.00. Tresowane papugi wykonują niesamowite sztuczki – od jazdy na rowerkach po układanie puzzli, malowanie obrazów i liczenie do dziesięciu. Potrafią nawet naśladować zagranicznych wczasowiczów, wylegujących się na leżakach i czytających gazetę. Dzieci są zachwycone, dorośli niekoniecznie, ale widowiska tego typu pomagają w pozyskaniu funduszów na poważne programy ochrony przyrody, m.in. ocalenie gatunków żyjących w parku.

Palmitos Parque najlepiej zwiedzać w sugerowanej kolejności, kierując się **drogowskazami**, by niczego nie przeoczyć. Przejście całej trasy niespiesznym krokiem zajmuje około godziny, ale na wycieczkę należy przeznaczyć pół dnia. Koniecznie trzeba zobaczyć znakomity **pokaz ptaków drapieżnych** – pikujących nad głowami widowni orłów, sów i sokołów wędrownych – odbywający się dwa razy dziennie (12.30 i 15.30) na parkowym wzgórzu. W **ogrodzie kaktusowym** można podziwiać liczne gatunki kaktusów i aloesów,

W parku są nie tylko papugi, ale także motyle i mnóstwo roślin

m.in. *silla de la suegra* („krzesło teściowej"), a w **akwarium** z morską wodą i zbiornikach słodkiej wody – tropikalne ryby. Kolejną atrakcją jest **wyspa gibonów**, gdzie żyje para tych sympatycznych małp.

W sklepiku przy wyjściu sprzedawane są kolorowe pamiątki w rodzaju koszulek z nadrukiem czy pluszowych papużek. Chętni mogą sobie zrobić zdjęcie z parą skrzeczących ar.

CHWILA RELAKSU

Na terenie całego parku jest mnóstwo **kafeterii** i **budek z lodami**, a **samoobsługowy bar** przy wejściu proponuje niezbyt drogie zupy, sałatki i gorące posiłki. Można też oczywiście wziąć **suchy prowiant**.

Przez park biegnie dobrze oznakowana ścieżka

178 C2 Carretera de los Palmitos, 15 km na północny zachód od Playa del Inglés 928/140276 codz. 10.00–18.00 #45, 70 Drogo

PALMITOS PARQUE: WARTO WIEDZIEĆ

Dobre rady Do parku kursują regularnie autobusy z Playa del Inglés, odjeżdżające rano co 15 min, a po południu co pół godziny. Każdego ranka docierają tu także cztery autobusy z Puerto Rico i Maspalomas (powrót wieczorem).
- **Dzieciom** Palmitos Parque bardzo się podoba, ale jego zwiedzanie wymaga pokonywania pieszo znacznych odległości, dlatego dla najmłodszych lepiej zabrać wózek.
- Przy wejściu warto się zaopatrzyć w **przewodnik po roślinach**, ułatwiający rozpoznawanie poszczególnych gatunków.

Ukryty skarb Przed opuszczeniem parku koniecznie trzeba zobaczyć **kolibry**. Te maleńkie ptaszki o jaskrawym upierzeniu, niewiarygodnie szybko poruszające skrzydłami, zamieszkują kilka niedużych jaskiń koło wyjścia.

Więcej szczegółów Ze wzgórza za parkiem roztacza się piękny **widok** na dolinę. Prowadzi tam zakurzona ścieżka na tyłach hotelu, dochodząca w końcu do zbiornika wodnego w Ayagaures w obrębie Barranco de la Data.

9

Puerto de Mogán

Puerto de Mogán – urzekające połączenie wioski rybackiej, przystani jachtów i wytwornego kurortu – często wskazuje się jako wzór zagospodarowywania Gran Canarii przez przemysł turystyczny. Na tle niskich willi otoczonych malowanymi płotami i ogrodami, w których pysznią się hibiskusy i bugenwille, rozciąga się port z weneckimi mostami spinającymi brzegi kanałów. Najwyższym budynkiem jest czteropiętrowa wieża kapitanatu. Puerto de Mogán to jedyna miejscowość wczasowa na południowym wybrzeżu, która wciąż nie ma własnego kompleksu handlowego, co dla wielu jest ogromną zaletą tego miejsca.

Najbardziej oddalona od Las Palmas miejscowość na wyspie (jak dotąd) wyznacza zachodnią granicę ekspansji przemysłu turystycznego. Przedsiębiorcy budowlani pojawili się w Puerto de Mogán dopiero w latach 80. XX w., dzięki czemu uniknęło ono w dużej mierze losu swych sąsiadów, znajdujących się nieco bardziej na wschód. Z założenia miał to być nieduży, ekskluzywny kurort dla zamożnych gości, których stać będzie na wynajęcie na przystani miejsca dla własnego jachtu. Zwykli śmiertelnicy mogą tu jedynie zajrzeć, np. podczas rejsu statkiem wycieczkowym z Puerto Rico (➤ 142).

Większość takich jednodniowych turystów przyjeżdża, by pospacerować po nabrzeżu i posiedzieć w kawiarniach, podziwiając eleganckie jachty i malownicze kutry. Na samym końcu przystani ulokowała się restauracja-bar *El Faro* (Latarnia Morska), skąd roztacza się wspaniały widok na ocean. Dość często można zobaczyć wieloryby i delfiny, aczkolwiek najlepiej

PUERTO DE MOGÁN: WARTO WIEDZIEĆ

Dobre rady Na **targu w piątek rano** można kupić piękne koronkowe obrusy, skórzane sandały i senegalskie bębny.

• Puerto de Mogán wygląda zupełnie inaczej **po zmroku**, kiedy znikają turyści z innych miejscowości, a mieszkańcy spacerują po promenadzie lub grają w domino na Plaza del Sol. Klify przy zachodnim krańcu portu to dobre miejsce, by podziwiać zachód słońca nad Teneryfą.

Ukryty skarb Warto wspiąć się na zbocze powyżej portu do **tradycyjnej wioski** z białymi domkami, w których mieszkają rybacy. Autentyczność osady w niczym nie przypomina blichtru w dole.

wybrać się w tym celu na specjalny rejs z Puerto de Mogán.

Bardziej aktywni wczasowicze mogą tu nurkować, pływać na żaglówkach czy wędkować na pełnym morzu. Innego rodzaju atrakcją jest 45-minutowa wyprawa łodzią podwodną „**Yellow Submarine**" na dno oceanu, gdzie można obejrzeć morską faunę oraz wrak fregaty leżącej na głębokości 20 m (rezerwacje i informacje ☏ 928/565108). Wieczorem, kiedy odjadą tłumy, ciszę w miasteczku zakłóca jedynie łopot szarpanych wiatrem żagli. W oddali wznoszą się majestatyczne góry.

Z niedużej piaszczystej plaży widać **Playa de Taurito** – skupisko hotelowych wieżowców pod każdym względem inne od Puerto de Mogán, usytuowane w wąwozie o stromych ścianach, dookoła wypielęgnowanych ogrodów i słonego jeziora. Kto szuka bardziej ustronnej plaży, może się wybrać na przyjemny, chociaż długi spacer polną drogą na zachód do Playa de Veneguera (► 143), gdzie planuje się budowę jeszcze jednego kurortu.

Kwatery w Puerto de Mogán są zupełnie inne niż apartamentowce w Playa del Inglés

W głąb lądu prowadzi droga dnem **Barranco de Mogán** – tropikalnej doliny z plantacjami mango, awokado i papai. Na poboczach zwracają uwagę nadnaturalnej wielkości dzbanki na kawę, stołki i przybory kuchenne, które stoją tu przez cały rok, a podczas czerwcowego święta San Antonio de Padua (► 149) są przewożone na wozach w uroczystej procesji. Po 12 km droga dociera do **Mogán**, prowincjonalnej mieściny w cieniu góry Guirre. Główną atrakcją turystyczną tego miejsca jest kościół San Antonio z pięknym, ręcznie rzeźbionym w drewnie kasetonowym sufitem.

CHWILA RELAKSU

La Cofradía de Pescadores (► 146), w porcie rybackim za przystanią jachtów, serwuje świeże ryby złowione przez miejscowych rybaków. W latarni morskiej na końcu falochronu mieści się popularna restauracja *El Faro*.

Po lewej: Elegancka przystań w Puerto de Mogán

✚ 178 B2 ✉ 🚌 #1, 32, 61 z Las Palmas/Playa del Inglés; #84 z Puerto de Mogán do Mogán

W wolnym czasie

2 Agüimes

Zabytkowe centrum miasteczka, będącego niegdyś siedzibą biskupów Gran Canarii, zostało starannie odrestaurowane. Przy wąskich uliczkach wokół głównego rynku, **Plaza del Rosario**, stoją wiekowe bielone domki, w kilku przypadkach przekształcone w domy wczasowe. Nad placem góruje neoklasyczny kościół San Sebastián – dawna katedra ozdobiona rzeźbami kanaryjskiego artysty Lujána Péreza. Agüimes to świetnie prosperująca miejscowość o silnej tożsamości kanaryjskiej, szczycąca się też bujnym życiem artystycznym – odbywają się tu spotkania teatralne, festiwal muzyki i konkurs gawędziarzy (➤ 149).

Na wysokości pobliskich piaszczystych i żwirowych plaż w **Arinadze** można uprawiać windsurfing i żeglarstwo, a Bahia de Formas to świetne miejsce do obserwacji ptaków wędrownych.

183 E3 #11, 21 z Las Palmas; #41, 52 z Maspalomas

Spacer po starówce w Agüimes pozwala poznać inne oblicze Gran Canarii

5 Barranco de Fataga

Największy wąwóz na Gran Canarii jest także jednym z najbardziej malowniczych. Dno urozmaicają oazy z palmami, ściany mają kolor miodu, a krajobrazy przywodzą na myśl westerny.

Droga do wąwozu zaczyna się w Playa del Inglés. Dla osób spędzających wakacje na południowym wybrzeżu przejażdżka tą trasą to najprostszy sposób, by poznać góry w głębi wyspy. Pierwszym przystankiem jest **Mundo Aborigen**, skansen poświęcony życiu Guanczów. Brak mu co prawda podbudowy naukowej Museo Canario (➤ 56), ale w atrakcyjny sposób prezentuje za pomocą tableau i kronik konkwistadorów przedhiszpańską kulturę Gran Canarii. W skansenie odtworzono m.in. murowane domy, jaskinie grobowe, kobiecy klasztor i miejsce spotkań, przedstawiono też bardzo realistycznie rozmaite sceny z codziennego życia, od operacji chirurgicznych po egzekucje przestępców.

Nieco bardziej na północ, na zakręcie szosy znajduje się ***mirador*** z zachwycającym widokiem na kanion i wybrzeże. Przy niewielkim parkingu otwarto także bar.

Dalej droga biegnie do oazy **Arteara**, gdzie można się przejechać na wielbłądzie. Na końcu wsi krótka ścieżka wspina się po porośniętym kaktusami zboczu na cmentarz Guanczów, na którym wiele grobów zachowało się w nienaruszonym stanie.

Po pokonaniu jeszcze jednej serii serpentyn szosa dociera do **Fatagi**, wzorcowo odrestaurowanej wioski zabudowanej tradycyjnymi domami kanaryjskimi, otoczonymi sadami i palmami. Na miejscu działa kilka barów i kawiarni. W górnej części wsi urządził sobie pracownię niemiecki artysta Friedhelm Berghorn, a przy głównej drodze ciągną się sklepy z rękodziełem i pamiątkami. Na przyjemnie ocienionym placu przed kościołem można odpocząć przed powrotem krętą szosą w wąwozie.

178 D2

Mundo Aborigen

- Carretera de Fataga, 6 km
- 928/172295 codz. 9.00–18.00
- Kawiarnia i restauracja ①
- #18 z Playa del Inglés/Maspalomas
- Ceny umiarkowane

7 Arguineguín

Do niedawna to ładne miasteczko było jedynie wioską rybaków. Nadal istnieje tu port rybacki, jest także kaplica Matki Boskiej Rybaków, działa kilka niezłych restauracji serwujących owoce morza i gwarnych barów na nabrzeżu, ale coraz wyraźniej Arguineguín przeistacza się w niedrogi kurort, popularny zwłaszcza wśród Niemców i Skandynawów.

Nadmorska promenada łączy Arguineguín ze wsią Patalavaca, gdzie trwa w najlepsze zabudowywanie luksusowymi hotelami plaż i zatoczek, oraz z **Anfi del Mar**, ekskluzywnym osiedlem domów wakacyjnych, w którym usypano

Jadąc niezwykle krętą szosą przez Barranco de Fataga, lepiej skupić się na prowadzeniu samochodu niż podziwianiu malowniczych krajobrazów

Rejsy statkiem

Z Puerto Rico można się wybrać na kilka morskich wycieczek. Bilety rezerwuje się w biurach podróży lub na przystani. Najtańsze są rejsy promem Lineas Salmón (8 dziennie do Puerto de Mogán i 4 dziennie do Arguineguín; dodatkowe kursy w dni targowe).

Kilka biur proponuje oglądanie delfinów na pełnym morzu, m.in. z pokładu katamaranu „Spirit of the Sea" (928/562229; rejs 2 godz.), który ma przeszklone dno i nowoczesne urządzenia echolokacyjne, ale przewoźnik nie gwarantuje powodzenia wyprawy. Z części zysków ze sprzedaży biletów finansowane są badania nad delfinami i wielorybami, prowadzone przez naukowców na pokładzie statku.

Na całodniowy lub wieczorny rejs z jedzeniem, rozrywkami i kąpielą w morzu można się wybrać szkunerem „Timanfaya" (928/762696) lub żaglowcem „San Miguel" (928/760076).

Przyjemnie pływa się także na katamaranie „Super Cat" (928/150248), który kursuje codziennie wzdłuż zachodniego wybrzeża do Güigüi.

Schodząc ze szlaku

W miejscu gdzie od autostrady odchodzi droga wzdłuż wybrzeża, naprzeciwko plantacji bananów zaczyna się także szosa do Barranco de Arguineguín. Wspina się ona na północ od GC505 do urodzajnej doliny z plantacjami owoców tropikalnych wokół osady Barranquillo de San Andrés. W prawo skręca się do Sorii, gdzie w barze *Casa Fernando* podają świeży sok z papai i kanaryjskie *tapas*. Można stąd zejść nad zaporę i zbiornik Soria, wybudowane w 1971 r., by zapewnić wodę pitną kurortom na południowym wybrzeżu. Asfaltowy trakt przez Sorię szybko ustępuje drodze terenowej. Dżipem da się dojechać do Cruce de la Data (8 km), skąd można wrócić przez Ayacatę i Barranco de Fataga.

sztuczną plażę z piasku sprowadzonego z Karaibów. Pokonanie całej trasy na piechotę zajmuje około godziny.

We wtorki i czwartki w Arguineguín odbywa się jeden z największych **targów** w tej części wyspy. Można wziąć udział w rejsie z Puerto Rico lub Puerto de Mogán, a następnie pospacerować po porcie i zjeść obiad nad wodą.

Nadmorski kurort Puerto Rico powstał 30 lat temu, a końca rozbudowy nie widać

178 C1 #1, 31, 61, 91 z Las Palmas; #32 z Playa del Inglés i Puerto de Mogán

8 Puerto Rico

Pierwszy widok Puerto Rico po prostu zapiera dech w piersiach. Rzędy białych apartamentowców wspinają się na strome zbocza tak wysoko, że aby dostać się do najwyższych, trzeba wziąć taksówkę. Rozważa się nawet budowę kolejki linowej.

Miejscowość upodobały sobie szczególnie brytyjskie rodziny. Ponieważ Puerto Rico powstało w latach 70. XX w., nie ma tu żadnego zabytkowego centrum, a jego rolę pełni wielki, wysadzany palmami i fikusami park w *barranco* (wąwozie), w którym można znaleźć pola do gry w minigolfa, korty tenisowe, plac zabaw dla dzieci oraz basen z podgrzewaną wodą. Kawałek dalej wybudowano główny kompleks handlowy w Puerto Rico; drugi jest usytuowany na szczycie wzgórza.

Plaża, którą tworzy łuk złocistego piasku sprowadzonego z Sahary, schodzi łagodnie do morza, dlatego jest doskonałym miejscem do zabawy dla małych dzieci. Biura turystyczne na przystaniach po obu stronach plaży proponują wycieczki wędkarskie oraz rejsy statkami wycieczkowymi i promami do Puerto de Mogán (➤ 138). Na miejscu działają także wypożyczalnie sprzętu sportowego. Ścieżką na szczycie nadmorskiego urwiska można w ciągu 20 minut dojść na **Playa de los Amadores**, inną, równie piękną sztuczną plażę. Ścieżka jest też świetnym punktem widokowym do oglądania malowniczych zachodów słońca. (Biuro informacji turystycznej ➤ 37).

178 B1 #1, 31, 61, 91 z Las Palmas; #32 z Playa del Inglés i Puerto de Mogán

10 Plaże zachodniego wybrzeża

Odludne plaże na południowym zachodzie wyspy są w większości nietknięte przez przemysł turystyczny, choć ostatnio sprzedano inwestorom pokrytą czarnym piaskiem **Playa de Veneguera**, nad którą najprawdopodobniej do 2010 r. powstanie nowy megakurort. W tej chwili można tu dojechać jedynie 10-kilometrową drogą gruntową przez sady i plantacje bananów (niezbędny samochód z napędem na cztery koła).

Dla dzieci

Dzieciom do szczęścia wystarczy zapewne piasek i woda na plaży, ale są też inne atrakcje. Największa to **Palmitos Parque** (➤ 136), a zaraz za nim **park Cocodrilo** niedaleko Agüimes (☎ 928/784725, pn.–pt. i nd. 10.00–17.00), w którym prócz krokodylów i papug można oglądać tygrysy, małpy i jelenie. Warto też odwiedzić park **Mundo Aborigen** (➤ 140) oraz wziąć udział w rejsie **łodzią podwodną** „Yellow Submarine" w Puerto de Mogán (➤ 139). W parku wodnym **Aqua Sur** (☎ 928/140525, codz. 10.00–18.00), przy drodze do Palmitos Parque, oraz w **Aquaparku** w Puerto Rico (☎ 928/560666, codz. 10.00–18.00) są m.in. zjeżdżalnie i kolejki. **Holiday World** na terenie Campo Internacional w Maspalomas (☎ 928/730498, codz. 6.00–24.00) to staroświeckie wesołe miasteczko. Dzieciom podoba się także **Banana Park** (☎ 928/141475, codz. 9.30–17.00) – otoczona plantacją bananów farma wielbłądów, strusi i osiołków.

Bardziej na północ u wylotu *barranco* rozciąga się **Playa de Tasarte**, która ma tę zaletę, że prowadzi tam droga asfaltowa. Skromną restaurację rybną nad samym morzem chętnie odwiedzają w weekendy miejscowi.

Najlepszą ze wszystkich odludnych plaż jest **Güigüi** (wym. „łiłi"), dostępna jedynie na piechotę (3 godz. przez góry z Tasártico) bądź statkiem z Puerto Rico. Jest to rezerwat przyrody i chyba najbardziej sielskie miejsce na Gran Canarii.

11 Puerto de la Aldea

Ta rybacka wioska pełni rolę portu dla „pomidorowego" miasteczka **San Nicolás de Tolentino**, położonego 5 km w głąb lądu. Ciągnie się tu długa kamienista plaża, której południowy koniec doskonale nadaje się do uprawiania surfingu, oraz nieduża osłonięta plaża pokryta ciemnym piaskiem, pod skalnym nawisem koło przystani. Na końcu promenady działają dwie niezłe restauracje rybne.

Puerto de la Aldea to najdalej na zachód wysunięty punkt na Gran Canarii. Zimą, kiedy wieją silne wiatry, miejsce to wygląda naprawdę dziko. Nad laguną na południowym krańcu plaży obchodzone jest jedno z najstarszych świąt na wyspie – **Fiesta del Charco** (► 149).

182 A4 #38 z Puerto de Mogán do San Nicolás de Tolentino

W restauracji na kamienistej plaży w Puerto de la Aldea można się delektować świeżą rybą podawaną na obiad

Park kaktusów Cactualdea

Ten niezwykły park koło Tocodomán (928/884003, codz. 10.00–18.00; ceny umiarkowane) stanowi połączenie imponującego ogrodu kaktusów z atrakcjami turystycznymi w rodzaju zrekonstruowanej jaskini Guanczów czy kurantu. W amfiteatrze można obejrzeć skoki o tyczce i pokazy kanaryjskich zapasów, a w restauracji skosztować kanaryjskich dań. Prócz kaktusów rosną tu palmy i smocze drzewa, które warto zobaczyć, jeśli nie ma się czasu na wycieczkę do Jardín Canario (► 85).

Gdzie... zjeść i wypić

Ceny
Posiłek dla jednej osoby (bez napojów i opłaty za obsługę) kosztuje:
① do 12 € ② 12–24 € ③ ponad 24 €

Większość restauracji na Gran Canarii jest czynna przez cały rok, ale niektóre mogą być zamknięte na czas urlopu, zwykle w sierpniu.

BARRANCO DE GUAYADEQUE

Tagoror ②

Najbardziej zapadająca w pamięć jest niezwykła lokalizacja restauracji – w kilku chłodnych jaskiniach powyżej *barranco*. Stoliki stoją również na uroczym tarasie oplecionym winną latoroślą. Jedzenie typowo kanaryjskie: mięsa z rusztu, pikantne ziemniaki, kiełbasa *morcilla* i miejscowe *quesos* (sery), a na deser m.in. smażone banany z *bienmesabe* (syropem migdałowym). Duży ruch jest w weekendy, zwłaszcza w niedziele, kiedy Kanaryjczycy przyjeżdżają tu na tradycyjną *sancocho* (gęstą zupę rybną).
179 D4 ✉ Montaña de las Tierras ☎ 928/172013 ⊕ codz. 10.00–2.00

SAN AGUSTÍN

Los Pescadores ①

Lokal ten słynie z typowo kanaryjskiego menu, w którym można znaleźć głównie dania rybne oraz duży wybór mięs z rusztu. Restauracja znajduje się w Bahía Felíz nad samym morzem, 3 km od San Agustín. Z uwagi na dużą liczbę turystów w karcie dań pojawiła się też pizza.
185 F1 ✉ Avd. Windsurfing, Playa del Aguila, Bahía Felíz ☎ 928/157179 ⊕ codz. 13.00–16.00 i 20.00–24.00

PLAYA DEL INGLÉS

La Casa Vieja ②–③

Dwie restauracje po przeciwnych stronach drogi do Fatagi, w najwyższym punkcie autostrady GC1. Kto lubi mięso z rusztu i tradycyjną kuchnię kanaryjską, powinien zajrzeć do wiejskiej chaty (po lewej), w której sporadycznie można też posłuchać muzyki na żywo. Bardziej elegancka *El Rincón* proponuje dania rybne – specjalnością lokalu są świeże ryby z grilla oraz zapiekane w soli. Kilka stołów ustawiono w ogrodzie, ale żeby znaleźć przy nich wolne miejsce, trzeba zadbać o rezerwację lub zjawić się odpowiednio wcześnie.
185 D5 ✉ *El Lomo*, Carretera a Fataga ☎ 928/762736; *El Rincón* ☎ 928/771249 ⊕ codz. 13.00–24.00

Las Cumbres ②

Pośród licznych lokali gastronomicznych oferujących w Playa del Inglés raczej nijakie dania kuchni międzynarodowej ta wybitnie hiszpańska restauracja w piwnicy w samym sercu miasta stanowi przyjemną niespodziankę. Laski pasterskie, owcze dzwonki i rogi podpowiadają, że specjalnością jest pieczona jagnięcina. Dominują dania z La Rioja, takie jak pieczone papryki czy solony dorsz, ale jest też sporo przysmaków z innych regionów Hiszpanii, np. andaluzyjskie *gazpacho* (chłodnik pomidorowy) i kataloński budyń.
185 D3 ✉ Edificio Taida, Avenida de Tirajana ☎ 928/760941 ⊕ śr.–pn. 13.00–16.00 i 19.00–24.00

MASPALOMAS

La Foresta ②–③

Z restauracji przy basenie hotelu *Riu Grand Palace* mogą korzystać wszyscy (atrakcyjny cenowo szwedzki stół w porze obiadowej). Pełny posiłek kosztuje sporo, ale można zrezygnować z dania głównego i poprzestać na sałatkach i deserach z bufetu (zupy, owoce morza, zimna płyta, sery, ciasta i owoce). Po obiedzie warto się przejść po ogrodach albo posiedzieć pod palmami, chłonąc atmosferę jednego z najbardziej ekskluzywnych hoteli na Gran Canarii (➤ 43).

185 B2 ✉ Hotel *Riu Grand Palace* (Maspalomas Oasis), Playa de Maspalomas ☎ 928/141448 🕐 codz. 13.00–15.00

PUERTO DE MOGÁN

La Bodeguilla Juananá ③

Nieduża wytworna tawerna przy placu od strony portu, proponująca gościom współczesną kuchnię kanaryjską. Posiłek tutaj to nieomal spektakl teatralny z takimi rekwizytami, jak rzeźbione drewniane krzesła, wielkie ceramiczne talerze czy olbrzymie, ręcznie wypisane menu przynoszone do stołu. Specjalnością jest zestaw kanaryjskich serów podawanych na surowo, w oliwie lub w białym winie. Inne miejscowe składniki pojawiają się w nieoczekiwanych zestawieniach, np. wędzony miecznik z awokado, a na deser lody *gofio* z miodem palmowym. Wina wyłącznie kanaryjskie.

178 B2 ✉ Local 390 ☎ 928/565044 🕐 codz. 19.00–24.00

La Cofradía de Pescadores ②

Spółdzielnia rybacka koło portu oferuje najświeższe ryby w mieście. W ciągu dnia w restauracji przesiadują miejscowi rybacy i choć nie brakuje też turystów, atmosfera jest bardzo hiszpańska. Większość stolików stoi na zewnątrz, na tarasie pod bambusowym zadaszeniem, z widokiem na morze. Pyszny ciepły chleb prosto z pieca, do tego pomidory, czosnek i *allioli* (majonez czosnkowy). Ryby z rusztu podaje się z wielką porcją warzyw.

178 B2 ✉ Dársena Exterior del Puerto ☎ 928/565321 🕐 codz. 10.00–23.00

ARGUINEGUÍN

La Cofradía de Pescadores ②

Skromna portowa knajpka z obrusami w kratę oraz wiszącymi na ścianach sieciami i plakatami atlantyckich ryb, pamiętająca czasy, kiedy Arguineguín było tylko rybacką wioską. Lokal prowadzony przez spółdzielnię rybaków ma znakomitą renomę – w weekendy przychodzą tutaj całymi rodzinami miejscowi. W menu m.in. świeże ryby prosto z portu, *paella*, krewetki.

178 C1 ✉ Puerto de Arguineguín ☎ 928/150963 🕐 wt.–nd. 10.00–23.00

PUERTO RICO

Bar La Parada ①

Ten czynny na okrągło bar *tapas* jest chyba jedynym miejscem w Puerto Rico, gdzie można spotkać więcej miejscowych niż turystów. Chętnie zaglądają tu między zmianami kierowcy autobusów i taksówkarze, akwizytorzy domów wakacyjnych przychodzą na śniadania, a bywalcy dyskotek wpadają na ostatnie piwo przed powrotem do domu. Na barze zawsze leży kawał świeżo upieczonej wieprzowiny, podawanej w pysznych kanapkach, można też zamówić np. omlet ziemniaczany (*tortilla*) i inne *tapas*. Większość gości stoi przy kontuarze, ale jest także kilka stołów na tarasie z widokiem na park.

178 B2 ✉ Calle Lanzarote (obok przystanku autobusowego) 🕐 Non stop

La Cantina ②–③

Właściciel zgromadził imponującą kolekcję win z całej Hiszpanii i nie tylko. Przychodzi się tu głównie na lampkę szampana czy sherry przed kolacją, podawanych z talerzem szynki, sera lub *foie gras*, ale można też zamówić świetne steki i *fondue*. Warto obejrzeć piwniczkę z winami.

178 B1 ✉ Apartamentos El Greco, Calle Doreste y Molina ☎ 928/560040 🕐 codz. od 18.00 do późna w nocy

Gran Canaria ②

Większość lokali przy promenadzie proponuje mięsa i ryby z rusztu. *Gran Canaria*, ocieniona płóciennym dachem, bardziej przypomina prawdziwą restaurację. Podobno w tym miejscu serwują największe steki w Puerto Rico. Warto też spróbować fantazyjnie przybranych deserów i posłuchać muzyki na żywo.

178 B1 ✉ Playa de Puerto Rico ☎ 928/561354 ⏲ codz. 9.00–23.00

El Tiburón ②

Wieczorna przechadzka po promenadzie to obowiązkowy rytuał w Puerto Rico. Spacerujących kelnerzy kuszą darmowymi lampkami sangrii (wino z dodatkiem soków owocowych) i obietnicami skosztowania najświeższych ryb. W tej restauracji, której polska nazwa brzmi „Rekin", można dodatkowo dostać wyśmienitą pizzę.

178 B1 ✉ Paseo Marítimo ☎ 928/560557 ⏲ codz. 9.00–22.30

Gdzie... na zakupy

KOMPLEKSY HANDLOWE

Z dala od plaż życie w kurortach toczy się w ***centros comerciales*** – kompleksach handlowych, które wieczorami przemieniają się w przybytki rozrywki. Obok supermarketów, sklepów z pamiątkami i punktów sprzedaży prasy są tu sklepy monopolowe, trafiki, perfumerie, butiki i salony ze sprzętem elektronicznym, zegarkami czy galanterią skórzaną po cenach wolnocłowych. Jakość niekiedy pozostawia nieco do życzenia, ale często można się targować i jeśli trochę poszukać, trafiają się prawdziwe okazje.

W samym **Playa del Inglés** jest 13 takich kompleksów. W **Cita** działa ponad 200 sklepów, zwłaszcza z biżuterią, galanterią skórzaną, obuwiem i markową konfekcją. Inne bardzo popularne *centros comerciales* to **Yumbo**, **Kasbah** i **Metro** (► 130).

Bardziej ekskluzywnie jest w **Faro 2** w **Maspalomas**, gdzie swe sklepy firmowe mają m.in. Benetton, Lacoste i Diesel. Podobnie wyglądają **El Faro**, **Veradero** oraz otwarty niedawno **Las Dunas**.

SZTUKA I RZEMIOSŁO

Fedac, w biurze informacji turystycznej w **Playa del Inglés**, to państwowy sklep z rękodziełem, oferujący wyroby kanaryjskich rzemieślników: ceramikę, koronki, instrumenty muzyczne itp. Ceny są stałe, ale jakość gwarantowana, a ponieważ sklep nie narzuca żadnej marży, można mieć pewność, że cała kwota trafia do producenta.

Juananá obok portu w **Puerto de Mogán** to osobliwa *bodega* (winiarnia) i jednocześnie sklep z rzemiosłem, w którym można dostać kanaryjskie wina i sery oraz miejscową ceramikę i wyroby rękodzielnicze. Pobliski **Rincon Canario** proponuje bardziej konwencjonalne pamiątki w rodzaju biżuterii i rozmaitych drobiazgów w stylu Guanczów.

W głębi lądu sklepy z rzemiosłem otwarto m.in. we wsiach **Fataga** i **Ingenio**, gdzie w Museo de Piedras y Artesanía Canaria sprzedawane są oryginalne kanaryjskie hafty i inne artykuły wyrabiane przez rzemieślników.

TARGI

Duże cotygodniowe targi w **Arguineguín** (wt.), **Puerto de Mogán** (pt.) i **San Fernando** (śr. i sb.) są przeznaczone głównie dla turystów. W wymienionych miejscach można znaleźć m.in. duży wybór galanterii skórzanej, koronek, niedrogiej konfekcji i obuwia, a także stroje kąpielowe, ręczniki plażowe, afrykańskie rzeźby i bębny (po rozsądnych cenach).

U niektórych sprzedawców obowiązują „stałe ceny", ale na ogół można, a nawet należy się targować.

Gdzie... się bawić

MUZYKA I TEATR

O zbliżających się imprezach informują gazety oraz pracownicy biur informacji turystycznej w Puerto Rico, Maspalomas i Playa del Inglés. Świetnym źródłem informacji jest też **AICTS** (☎ 928/769292, www.aicts.org), stowarzyszenie typu non profit, które sprzedaje bilety oraz organizuje wyjazdy na koncerty i spektakle operowe w Maspalomas i Las Palmas.

Koncerty odbywają się w Las Tirajanas Auditorium, otwartym w 2000 r. w nowym centrum konferencyjnym w Las Meloneras.

Warto też wspomnieć o **koncertach plenerowych**, takich jak festiwal muzyki atlantyckiej na plaży w Playa del Inglés (styczeń), festiwal jazzowy w Puerto de Mogán (luty) czy festiwal muzyki ludowej w Veneguerze (wrzesień).

Agüimes

W miasteczku odbywa się we wrześniu **Encuentro Tres Continentes** (Festiwal Trzech Kontynentów) z udziałem zespołów teatralnych z Europy, Afryki i Ameryki.

W styczniu w tej samej miejscowości jest organizowany doroczny konkurs hiszpańskich i latynoamerykańskich gawędziarzy.

ŻYCIE NOCNE

Dla wielu gości bujne życie nocne na południowym wybrzeżu to jeden z głównych powodów, dla których przyjeżdżają na Gran Canarię.

Playa del Inglés

Najwięcej atrakcji przygotowano w wielkich kompleksach handlowych, zwłaszcza w **Kasbah** i **Metro**.

Bary zapełniają się już wczesnym wieczorem, a największy tłok panuje w nich około północy, po czym większość klientów przenosi się do całonocnych dyskotek i klubów.

Dużą popularnością cieszy się też kompleks **Cita** z licznymi niemieckimi barami. Na centralnym placu można obejrzeć występy transwestytów.

San Agustín

Tych, którzy lubią zabawę do późna w nocy, zaprasza klub dyskotekowy **La Roca**, czynny w weekendy w godzinach 18.00–1.00.

Mniejszości seksulane

Gejowskie życie nocne na Gran Canarii koncentruje się w kompleksie **Yumbo** w Playa del Inglés, gdzie otwarto ponad 50 barów, klubów i saun. W ciągu dnia jest to rodzinny kompleks handlowy z ulicznymi muzykami i portrecistami, ale od mniej więcej 22.00 jego oblicze wyraźnie się zmienia.

Rozrywki w hotelach

Na południowym wybrzeżu Gran Canarii bogatą ofertą rozrywek mogą się pochwalić także hotele, które proponują swoim gościom m.in. dyskoteki, wieczory karaoke, pokazy flamenco i rozmaite zabawy dla dzieci.

Biura podróży często oferują imprezy w rodzaju safari na wielbłądach, rejsów z degustacją szampana, kabaretu czy wieczorów tematycznych.

Oczywiście trudno mówić w tym przypadku o poznawaniu autentycznej kultury kanaryjskiej czy hiszpańskiej, ale goście zwykle bawią się świetnie, zwłaszcza rodziny z dziećmi.

W cenę biletu często wliczono jedzenie i napoje, a publiczność jest gorąco zachęcana do wspólnej zabawy.

Kasyna

Drugie kasyno na Gran Canarii mieści się w **hotelu *Meliá Tamarindos*** w San Agustín. Od mężczyzn wymaga się marynarki i krawata; koniecznie trzeba też zabrać paszport.

Kasyno jest czynne codziennie w godzinach 21.00–4.00. Kilka biur podróży oferuje wieczorne wycieczki połączone z kolacją i kabaretem.

ŚWIĘTA

Día de los Reyes (5 stycznia): w przeddzień Trzech Króli w Agüimes odbywa się uliczna parada, podczas której trzej przebrani „królowie" rozdają dzieciom prezenty.

Karnawał (luty): pochody, bale przebierańców i parady w ekstrawaganckich kostiumach na ulicach Agüimes i Playa del Inglés.

Día de las Islas Canarias (30 maja): Dzień Wysp Kanaryjskich z pokazami tradycyjnych zapasów i tańców ludowych. Własne święto obchodzi w tym dniu San Fernando na przedmieściach Playa del Inglés.

San Antonio de Padua (weekend przed 13 czerwca): tradycyjna pielgrzymka w Puerto de Mogán ku czci patrona miasta, połączona z festiwalem folklorystycznym i procesją religijną.

La Virgen del Carmen (16 lipca): parada kutrów rybackich w Arguineguín, Puerto de Mogán i Puerto de la Aldea ku czci Matki Boskiej, patronki rybaków.

Semana Santa (marzec–kwiecień): w Wielkim Tygodniu w zabytkowym Agüimes odbywa się uroczysta procesja, w której niesie się święte obrazy i rzeźby.

Fiesta del Charco (10 września): jedno z najstarszych świąt na Gran Canarii. W przeszłości mieszkańcy San Nicolás de Tolentino (➤ 144) kąpali się w tym dniu nago w *charco* (lagunie) w Puerto de la Aldea, a kiedy Kościół tego zabronił, zaczęli dla odmiany wskakiwać do wody w ubraniu, by łowić ryby gołymi rękoma i opryskiwać się nawzajem wodą. Odbywa się tu również **Bajada de la Rama** – obrzędy podobne do tych w Puerto de las Nieves, kiedy to mieszkańcy wsi uderzają w morze gałęziami, by sprowadzić deszcz.

Nuestra Señora del Rosario (5 października): tradycyjne święto w Agüimes, z pokazami walk na kije i zapasów kanaryjskich, konkursem ciągnięcia pługa, tańcami ludowymi, bitwą kwiatów, ofiarowaniem wody i *gofio* (➤ 140).

Navidad (25 grudnia): popularne jasełka wystawiane w pierwszy dzień świąt w Veneguerze.

AKTYWNY WYPOCZYNEK

Safari na wielbłądach

Na wielbłądach można pojeździć w Barranco de Fataga oraz na wydmach w Maspalomas. Główni organizatorzy tego typu imprez to La Baranda w **Artearze** (☎ 928/798680), Manolo's we wsi **Fataga** (☎ 928/798686) oraz Camello Safari Dunas w **Maspalomas** (☎ 928/760781). Kilka biur podróży proponuje wycieczki na wielbłądach, zwykle połączone z posiłkiem na rancho lub podwieczorkiem w „berberyjskim" namiocie.

Rower

Wypożyczalnie rowerów działają we wszystkich większych miejscowościach wczasowych. Rowery zwykłe i górskie, a także łyżworolki i kaski oferuje między innymi **Happy Biking** (*Hotel Continental*, Avenida de Italia 2, Playa del Inglés, ☎ 928/766832).

Wędkarstwo

Na **wyprawę wędkarską na pełne morze** wypływa się np. z portu w Puerto Rico (➤ 142). Większość kutrów wyrusza w rejs ok. 9.00 i wraca ok. 15.00, ale niektóre biura oferują też wycieczki wieczorne. Niezbędne wcześniejsze rezerwacje.

Na ryby można się również wybrać nad zbiornik Soria w Barranco de Arguineguín, wcześniej trzeba jednak wykupić pozwolenie (pytać w najbliższym biurze informacji turystycznej).

Gokarty

Gran Karting Club w San Agustín reklamuje się jako największy w Europie, z osobnymi torami dla dorosłych, nastolatków i młodszych dzieci (przy szosie GC500 do Las Palmas, w Tarajalillo na obrzeżach San Agustín, ☎ 928/157190, X–IV codz. 10.00–21.00, V–IX 11.00–22.00; drogo).

Golf

Najstarsze pole golfowe (z 18 dołkami) jest zlokalizowane w **Maspalomas** (☎ 928/762581), na skraju wydm. Na miejscu działa wypożyczalnia kijów, szkółka oraz restauracja. Drugie pole otwarto w 2000 r. w **El Salobre** (☎ 828/061828), obok autostrady GC1 niedaleko Arguineguín, trzecie zaś w 2001 r. w **Tauro**. W budowie są następne pola.

Jazda konna

Naukę jazdy na koniu oraz konne przejażdżki proponuje **Happy Horse** (☎ 679/867057), przy drodze do Palmitos Parque.

Finca Hipisur w Maspalomas (☎ 636/473970) organizuje wycieczki na plażę lub w góry, zarówno dla początkujących, jak i doświadczonych jeźdźców.

Safari w dżipach

Biura podróży w miejscowościach wypoczynkowych mają w ofercie wycieczki dżipami do górskich *barrancos* (wąwozów). Uczestnicy nie muszą sami prowadzić pojazdów, ale zawsze powinni przed podpisaniem umowy zapoznać się z warunkami ubezpieczenia. Dla kogoś, kto nie zamierza wynajmować samochodu, tego typu wyprawy stanowią świetny sposób na zobaczenie malowniczego wnętrza Gran Canarii. Trzeba się jednak przygotować na brud, kurz i upały.

Rezerwacje przyjmuje **Discovery Jeep Safari** (☎ 928/775188, 616/070682; drogo, ale w cenę wliczony obiad).

Tenis i squash

Kilka hoteli dysponuje własnymi kortami. Publiczne korty do tenisa i squasha można znaleźć na terenie pola golfowego w Maspalomas oraz w parku obok przystanku autobusowego w Puerto Rico.

Wycieczki piesze

Piesze wyprawy z przewodnikiem po górach proponuje **Euroguias** (☎ 928/764195, 764295), którego biura mieszczą się w kompleksie handlowym w San Agustín. Wycieczki zawsze trwają cały dzień, mniej więcej od 9.00 do 18.00. Uczestnicy mają zapewniony dowóz minibusami z hoteli. O szczegóły należy pytać w biurze informacji turystycznej (➤ 37). Trzeba zabrać dobre buty, zapas wody i prowiant.

Podobnie wygląda oferta biura **Canariaventura** z Playa del Inglés (☎ 928/766168, www.canariaventura.com), które proponuje ponadto spływy kajakowe, skoki na bungee i wspinaczkę górską.

Sporty wodne

We wszystkich większych miejscowościach wczasowych można uprawiać windsurfing i żeglarstwo, jeździć na skuterach wodnych i nurkować.

Doświadczonym amatorom **windsurfingu** warto polecić Pozo Izquierdo na południowo-wschodnim wybrzeżu albo Playa del Águila w San Agustín, gdzie rodzina byłego mistrza świata Björna Dunkerbecka prowadzi szkółkę windsurfingową (☎ 928/762958).

Naukę nurkowania proponują: Dive Academy w Arguineguín (☎ 928/736196), Aquanauts w Puerto Rico (☎ 928/560655) i Top Diving w Puerto Rico (☎ 928/560609).

Początkujący uczą się w basenach i osłoniętych przystaniach, podczas gdy doświadczeni płetwonurkowie najchętniej wybierają się na rafę z ławy nieopodal Pasito Blanco, gdzie można oglądać ławice graników i mureny.

W Puerto Rico i Playa del Inglés jest okazja, by polatać na **spadochronie ciągniętym przez motorówkę** (do 200 m nad wodą). Rozrywka ta sporo kosztuje, ale jak w przypadku innych sportów wodnych często można dostać zniżkę, wykupując w biurze równocześnie jakiś rejs statkiem.

Spacery i wycieczki

1 LAS PALMAS

Spacer

DŁUGOŚĆ TRASY 3 km
CZAS 1 godz. 30 min–2 godz.
POCZĄTEK I KONIEC TRASY Parque San Telmo ✚ 183 E3

Przyjemny spacer po starej części Las Palmas, z zabytkowymi domami, brukowanymi uliczkami i ocienionymi placami. Atrakcyjna propozycja zwłaszcza dla kogoś, kto bawi tu po raz pierwszy, trasa prowadzi bowiem m.in. obok katedry, domu Kolumba (Casa de Colón) i Museo Canario.

Teatro Pérez Galdós

1–2

Z dworca autobusowego idzie się przez **Parque San Telmo** (► 67) w kierunku koszar, a potem skręca w lewo, na **Calle Mayor de Triana** (► 67). Ta zamknięta dla samochodów ulica handlowa przyciąga wzrok efektownymi fasadami w stylu secesyjnym i neoklasycznym. Przy końcu

deptak skręca w lewo, podobnie jak trasa wycieczki, która doprowadza pod **Teatro Pérez Galdós**, najważniejszą scenę teatralną w mieście.

Otwarty w 1858 r. teatr spłonął w 1918 r. i po odbudowie otrzymał imię znanego kanaryjskiego powieściopisarza. Wewnątrz stoi popiersie francuskiego kompozytora Camille'a Saint-Saënsa, upamiętniające jego wizytę na Gran Canarii.

2–3

Zachowując ostrożność, trzeba przejść przez ruchliwą ulicę, która oddziela Trianę od Veguety, najstarszej dzielnicy miasta. Po drugiej stronie jest usytuowany **Mercado de Vegueta** (► 66), gdzie w którymś z barów można się zatrzymać na kawę i talerz *churros* (rodzaj pączków).

3–4

Z Mercado de Vegueta wychodzi się główną ulicą handlową Veguety, Calle Mendizábal, wzdłuż której ulokowało się mnóstwo knajpek. Piękny renesansowy budynek przy jej końcu pochodzi z 1776 r. Przed kamienicą stoi popiersie Don José de Viera y Clavijo (1731–1813), pierwszego historyka Wysp Kanaryjskich. W prawo odchodzi **Calle de los Balcones**, jedna z najładniejszych ulic w Las Palmas, zabudowana tradycyjnymi kanaryjskimi domami z balkonami. Po prawej stronie wznosi się

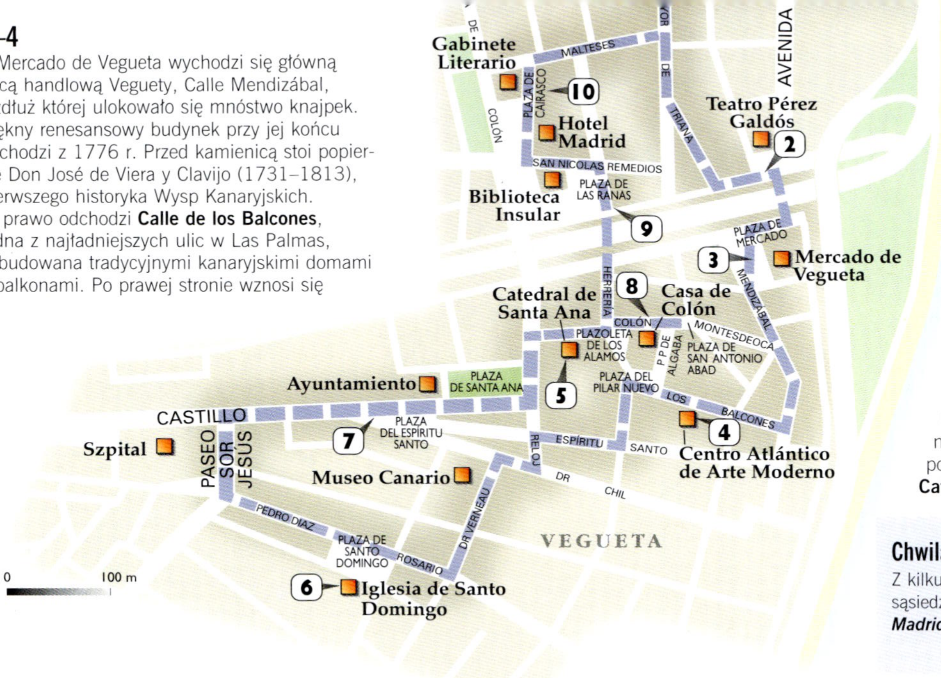

Casa de la Orden del Cachorro Canario – siedziba Zakonu Filcowego Kapelusza, który zajmuje się promowaniem kultury kanaryjskiej. Przy tej samej ulicy za XVIII-wieczną fasadą kryje się **Centro Atlántico de Arte Moderno** (➤ 66), muzeum sztuki nowoczesnej.

4–5

Calle de los Balcones kończy się za katedrą na **Plaza del Pilar Nuevo**, nad którym góruje Biblioteca Colombina – piękny zabytkowy dom mieszczący bibliotekę Casa de Colón. Teraz trzeba skręcić w lewo przez plac wysadzany palmami, bugenwillami i drzewkami laurowymi, a później w prawo, na Calle Espíritu Santo. Kawałek dalej po prawej stronie widnieje wejście do **Catedral de Santa Ana** (➤ 60).

Chwila relaksu

Z kilku kafejek na Plaza de Cairasco i w jego sąsiedztwie najlepszą jest ta na tarasie **hotelu** ***Madrid*** (➤ 41).

5–6

Na następnym skrzyżowaniu trasa wycieczki kieruje się w lewo, na Calle Reloj, a następnie w prawo, na Calle Dr. Chil, którą dochodzi się do **Museo Canario** (➤ 56). Idąc Calle Dr. Verneau w lewo, należy minąć wejście do muzeum, po czym dotrzeć aż do odchodzącej w prawo Calle Rosario, by wyjść na Plaza de Santo Domingo. Pośrodku tego zacisznego placu stoi XVIII-wieczna fontanna. W niedzielę rano odbywa się w tym miejscu popularny **targ kwiatów i rękodzieła**, połączony z występami muzyków, pokazami tańców i zabawami dla dzieci. W XVI-wiecznym kościele Santo Domingo na uwagę zasługuje ołtarz kanaryjskiego artysty Lujána Péreza.

6–7

Plac opuszcza się w jego północno-zachodnim narożniku, skąd Calle Pedro Diaz wspina się łagodnie w stronę Paseo Sor Jesús. Pod murami zabytkowego szpitala powinno się skręcić w prawo i jeszcze raz w prawo, na Calle Castillo, przy której zachowało się kilka pięknych zabytkowych domów kanaryjskich. Bardzo ładnie widać też stąd Catedral de Santa Ana. Ulica kończy się na **Plaza del Espíritu Santo**, jednym z najbardziej czarujących placów Veguety. Warto się tu zatrzymać na dłużej, by obejrzeć zadaszoną fontannę w ogródku i kaplicę z 1615 r., w której wisi obraz Chrystusa używany podczas procesji wielkopiątkowych. W sąsiednim domu mieszkał Silvestre de Balboa, urodzony w 1563 r. w Las Palmas autor pierwszego dzieła w historii literatury kubańskiej.

Na odpoczynek można się zatrzymać w zielonych ogrodach na Plaza del Espíritu Santo

7–8

Z Plaza del Espíritu Santo wystarczy zejść po kilku stopniach, by dostać się na **Plaza de Santa Ana**, niegdyś główny plac w mieście. Dookoła wznoszą się przykryte płaskimi dachami renesansowe rezydencje, mieszczące m.in. pałac biskupi i dawną siedzibę gubernatorów wyspy. Na przeciwległym końcu placu pełnią wartę odlane z brązu psy, symbole Wysp Kanaryjskich. Najlepszym punktem widokowym są schody dawnego ratusza na wprost Catedral de Santa Ana. Przed katedrą trzeba skręcić w lewo, a potem w następną ulicę w prawo, by wyjść na **Plazoleta de los Alamos**. Dokładnie na wprost widać fasadę **Casa de Colón** (➤ 63) z rzeźbioną bramą wejściową, drewnianymi balkonami, gargulcami i herbem na murze. Aby dostać się do środka tego najładniejszego domu w Las Palmas, trzeba podejść kawałek Calle Colón.

Fasada Casa de Colón

8–9

Tuż za Casa de Colón rozciąga się **Plaza de San Antonio Abad**. W tym miejscu w 1478 r. Juan Rejón założył miasto, co upamiętnia tablica na ścianie przy Paseje Pedro de Algaba. Stojąca na placu kaplica to najstarszy kościół w Las Palmas. Krzysztof Kolumb podobno modlił się w niej o powodzenie swej wyprawy. Wróciwszy kawałek po własnych śladach, należy skręcić z Calle Colón w prawo, na Calle Herrería, by znów dotrzeć do rozdzielającej dzielnice ulicy przelotowej, zbudowanej w miejscu wąwozu Guiniguada. Po drugiej stronie jest **Plaza de las Ranas**. Nazwa placu pochodzi od żab, które żyły kiedyś w płynącym tędy strumieniu. Okolice centrum handlowego Galeria de Arte Monopol są dziś popularnym miejscem wieczornych wypadów.

9–10

Zaraz za biblioteką trasa wycieczki skręca w lewo na trójkątny **Plaza de Cairasco**, chyba najbardziej charakterystyczny plac w Las Palmas. Pośrodku stoi fontanna i popiersie XVI-wiecznego kanaryjskiego poety Bartolomé Cairasco. Po prawej jest usytuowany hotel *Madrid*, w którym generał Franco spędził ostatnią noc przed zamachem stanu w 1936 r. Górujący nad placem **Gabinete Literario** to najpiękniejsza XIX-wieczna budowla w Las Palmas, z elementami architektury modernistycznej i neoklasycznej. Wzniesiona w 1844 r., jest zamknięta dla zwiedzających, ale można zerknąć do środka przez imponujący hol wejściowy z okazałymi schodami. Obok placu biegnie **Alameda de Colón**, stylowa promenada z ławkami i pomnikiem Krzysztofa Kolumba (1892). Z Plaza de Cairasco wychodzi się Calle Malteses, by Calle Mayor de Triana powrócić do Parque San Telmo.

Pomnik Bartolomé Cairasco na placu noszącym jego imię

2 OKOLICE CRUZ DE TEJEDA

Wycieczka piesza

DŁUGOŚĆ TRASY 4 km
CZAS 1–1 godz. 30 min
POCZĄTEK I KONIEC TRASY Cruz de Tejeda 178 C4

Krótka przechadzka po górach gwarantująca wspaniałe widoki przy minimum wysiłku. Trasę można zaliczyć podczas przejażdżki przez *cumbre* (➤ 161) albo specjalnie wyskoczyć na jeden dzień do Cruz de Tejeda i zjeść tam obiad.

1–2

Mając za sobą *parador* w **Cruz de Tejeda** (➤ 115), trzeba wyruszyć wykładaną kamieniami ścieżką na prawo od hotelu *El Refugio* (➤ 43). Na rozgałęzieniu trasa skręca w lewo, wspinając się między krzewami szczodrzeńca (*retama*) i żmijowca (*tajinaste*), po czym dochodzi do kamiennego muru wyznaczającego granicę prywatnej posiadłości, z informacją o zakazie polowania („Coto privado de ca"). **Starym szlakiem osiołków** idzie się górskim grzbietem, podziwiając przepiękne widoki. Na pierwszym planie wznoszą się charakterystyczne **Roque Nublo** (➤ 112) i **Roque Bentaiga** (➤ 110), w oddali zaś można dostrzec Pico de Teide na Teneryfie, najwyższą górę w Hiszpanii, zwykle tonącą w chmurach. Wspaniale widać też z tego miejsca zachody słońca.

2–3

Dalej ścieżka schodzi z grzbietu i między płotami i sosnami zdąża ku potężnej bramie, za którą zaczyna się **żwirowa alejka** wiodąca przez sosnowy zagajnik. W miejscu gdzie szlak

W pogodny dzień Teneryfa wydaje się unosić nad chmurami

Chwila relaksu

W **Cruz de Tejeda** można znaleźć kilka kafeterii i budek z przekąskami. Na solidniejszy posiłek najlepiej wybrać się do restauracji ***Yolanda*** (► 119) bądź hotelu ***El Refugio*** (► 43).

skręca ostro w lewo, należy się wspiąć prosto na **ścieżkę**, z której od razu rozciąga się fantastyczny widok na Barranco de la Mina. W oddali lśnią w dolinie zabudowania rolniczej miejscowości **Vega de San Mateo** (► 96).

3–4

Trasa wycieczki prowadzi w dół, po czym łączy się z asfaltową drogą, którą trzeba iść w prawo mniej więcej 200 m, mając po lewej stronie wysokie sosny kanaryjskie, a po prawej kanadyjskie. Koło **białego domu** stojącego po prawej należy skręcić na betonowy podjazd i ścieżkę biegnącą na lewo od budynku. Idzie się cały czas w lewo (obok kasztanowca) krętą dróżką wokół wzgórza, poprowadzoną równolegle do drogi i wyłożoną w większości kamieniami. W miejscu gdzie ścieżka schodzi z powrotem do drogi, powinno się skręcić w prawo, by osiągnąć **Mirador de Becerra** – punkt widokowy przy dawnym szlaku pielgrzymów z San Mateo do San Bartolomé de Tirajana.

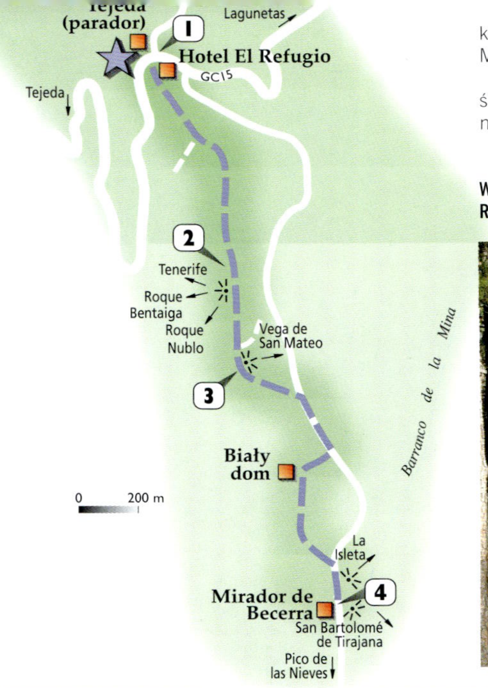

Do **Cruz de Tejeda** wraca się tą samą trasą. Jeśli pogoda dopisuje, na północy można zobaczyć nawet La Isleta w Las Palmas.

Wycieczka przez malowniczy las na szczyt Roque Nublo

3 COSTA CANARIA

Wycieczka piesza

Malownicza trasa wzdłuż wybrzeża Maspalomas, zwanego też Costa Canaria. Wędrówka pozwala się dokładnie przyjrzeć urozmaiconym krajobrazom tej części wyspy i zauważyć różnice między poszczególnymi kurortami. Dzięki dobrym połączeniom autobusowym z punktem początkowym i końcowym na spacer tą trasą można się łatwo wybrać z każdej miejscowości na południowym wybrzeżu. Teren jest w zasadzie płaski, tak więc w zupełności wystarczą wygodne sandały; jedynie po wydmach lepiej chodzi się na bosaka.

DŁUGOŚĆ TRASY 8 km **CZAS** 3 godz.
POCZĄTEK TRASY San Agustín 185 E1
KONIEC TRASY Faro de Maspalomas 184 B2

1–2

Kierowcę autobusu trzeba poprosić o wysadzenie na **rondzie San Agustín**, skąd krótka droga prowadzi w dół na **plażę** w Maspalomas. Przed

Największą atrakcją trasy jest wędrówka przez Dunas de Maspalomas

rozpoczęciem wędrówki warto się przejść w lewo **promenadą** wzdłuż plaży (do samego końca). Widać stąd całą trasę aż po Faro de Maspalomas (latarnię morską), wznoszącą się daleko za wydmami.

2–3

Promenadą trzeba wrócić po własnych śladach i dalej kierować się obok plaży i zielonych ogrodów hotelu *Melia Tamarindos*. Na szerokiej plaży rzadko panuje tłok, a wczesnym rankiem jest tu bardzo cicho. Za niedużą **latarnią morską** ścieżka przecina kraniec plaży poniżej rzędu sosen, po czym wspina się na cypel, gdzie biegnie wśród skał między domkami letniskowymi a kilkoma skalistymi zatoczkami.

Po kilku minutach w dole pojawia się rozległa **Playa de las Burras** (Plaża Oślic) – malowniczy pas złocistego piasku między San Agustín a Playa del Inglés.

3–4

W tym miejscu szlak schodzi do poziomu morza i prowadzi dalej na tyłach plaży. Tam gdzie ścieżka skręca w prawo ku głównej szosie, trzeba pójść prosto, by po drewnianej kładce przedostać się nad wylotem niewielkiego *barranco* (wąwozu). Bar obok kładki, w którym można spróbować świeżo wyciśniętego soku z ananasów, guawy, bananów i kaktusów, to doskonałe miejsce na odpoczynek.

Idąc dalej promenadą, po 5 minutach dociera się do **Playa del Cochino**. Na plaży, schowanej w osłoniętej zatoce, ustawiono leżaki i otwarto bar. Po prawej stronie warto rzucić okiem na kaktusowy ogród należący do hotelu *Europalace*.

4–5

Po schodach wchodzi się do kompleksu handlowego Parque Tropical, przy którym zaczyna się **Playa del Inglés**. Ścieżka po lewej stronie okrąża cały kompleks i wychodzi na promenadę, szerszą w tym miejscu i noszącą nazwę

Chwila relaksu

Mnóstwo restauracji, barów i kawiarni można znaleźć w **kompleksie handlowym Parque Tropical** (➤ 159) oraz na tyłach plaży w **Playa del Inglés** (➤ 130).

Paseo Costa Canaria. Sąsiednie zbocza są porośnięte sosnami i bambusami, w oddali zaś widać wydmy Maspalomas. Im bliżej centrum kurortu, tym więcej spacerowiczów na promenadzie. W pewnym miejscu długie schody schodzą na plażę, ale trasa wycieczki prowadzi dalej deptakiem.

Tam gdzie plaża zaczyna się rozszerzać, powinno się zejść stromymi schodami w dół, przeciąć szosę, a następnie wspiąć się po drugiej stronie, już poza granicami kurortu. Kawałek dalej pojawiają się Dunas de Maspalomas.

Ścieżka w końcu znika – wówczas należy skręcić w prawo na drogę, a potem w lewo, by pod łukiem **hotelu *Riu Palace Maspalomas*** (➤ 44) dojść do punktu widokowego na skraju wydm.

5–6

Teraz zaczyna się długa wędrówka przez **wydmy** w stronę widocznej w oddali latarni morskiej – świetnego punktu orientacyjnego. Koniecznie trzeba zabrać ze sobą dużo wody do picia, żeby zapobiec odwodnieniu organizmu. Wygodniej też maszerować bez butów. Na ogół znacznie łatwiej okrążać wydmy dołem, zamiast wdrapywać się na nie, ponieważ niektóre piaszczyste pagórki dochodzą do 10 m wysokości. Ich kształt zmienia się bezustannie pod wpływem wiatru. Wędrując na bosaka po rozgrzanym piasku i czując na twarzy morską bryzę, bardzo łatwo zapomnieć o całym świecie. Uwaga: po drodze można napotkać opalających się nudystów.

Przejście przez wydmy zajmuje około godziny. Wykorzystując latarnię morską jako punkt orientacyjny, idzie się w stronę plaży Maspalomas, która pojawia się za laguną. Znowu zatłoczony piaszczysty pas ciągnie się aż do **Faro de Maspalomas**.

W pobliżu jest zlokalizowany przystanek, z którego odjeżdżają autobusy do **San Agustín** i **Playa del Inglés**. Kto czuje się na siłach, może wrócić do Playa del Inglés na piechotę, tym razem brzegiem morza, na co trzeba przeznaczyć półtorej godziny.

Trasa kończy się przy latarni morskiej w Maspalomas, która stanowi doskonały punkt orientacyjny podczas wędrówki przez wydmy

4 PRZEZ *CUMBRE*

Wycieczka samochodowa

DŁUGOŚĆ TRASY 130 km
CZAS 4 godz.
POCZĄTEK I KONIEC TRASY Las Palmas ✚ 179 F5

Malownicza południowa trasa przez góry w centrum wyspy (*cumbre*). Oglądając najpierw zielone, alpejskie krajobrazy północy, a potem spalone przez słońce południe, nietrudno zrozumieć, dlaczego Gran Canarię nazywa się miniaturowym kontynentem.

1–2

Z **Las Palmas** wyjeżdża się ruchliwą szosą GC110 w kierunku Tafiry. Na obrzeżach miasta warto zwrócić uwagę na pastelowe domki w *barrios* **San Roque** i **San Juan**, przyklejone malowniczo do zbocza góry. Dwupasmówka wspina się stromo, mijając uniwersytet i oczyszczalnię ścieków. Kawałek za **Jardín Canario** (➤ 85) droga zwęża się, po czym biegnie dalej przez Tafira Alta oraz **Monte Lentiscal**, ważny ośrodek produkcji wina na Gran Canarii, do **Santa Brígidy**. Wszystkie te dobrze prosperujące wsie są dziś w istocie dalekimi przedmieściami Las Palmas, zamieszkanymi przez zamożnych Kanaryjczyków, którzy uciekają tu od wielkomiejskiego zgiełku.

Kolorowe domy w San Roque przyjemnie ożywiają krajobraz

2–3

Ocieniona sosnami i eukaliptusami droga zaczyna się ostro piąć pod górę w stronę **Vega de San Mateo** (➤ 96). Im wyżej, tym więcej zieleni. Widoki, jakie można podziwiać po drodze, są fenomenalne, ale serpentyny nie pozwalają oderwać oczu od szosy. W końcu dojeżdża się do **Cruz de Tejeda** (➤ 115), gdzie warto zrobić krótki postój i przekąsić coś w restauracji czy kawiarni. Kto chciałby rozprostować nogi, może się przejść do punktu widokowego o nazwie **Mirador de Becerra** (➤ 115).

3–4

Następny odcinek drogi, wijącej się w dół ku wsi **Tejeda** (➤ 116), jest najbardziej malowniczy, w dużej mierze za sprawą oszałamiających monolitów **Roque Bentaiga** (➤ 110) i **Roque Nublo** (➤ 112). Szosa GC60 prowadzi dalej obok pierwszej z wymienionych skał do ruchliwego górskiego rozgałęzienia **Ayacata**, gdzie ulokowało się kilka restauracji i barów (➤ 114).

4–5

Trasa wycieczki prowadzi przez Ayacatę, ignorując zjazd w prawo. Szosa jest od tego miejsca oznakowana jako GC65 (wiedzie do San Bartolomé de

Tirajana). Po prawej stronie widać zbiornik wodny Chira. Powoli wjeżdża się na **przełęcz Cruz Grande** (1200 m n.p.m.), stanowiącą naturalną barierę między północną a południową częścią wyspy. Krajobraz wyraźnie się zmienia – schodzące ku południowym wybrzeżom skaliste wąwozy wydają się niemal pozbawione roślinności. Po przeciwnej stronie wzrok przyciągają potężne białe skały zwane **Risco Blanco**.

Szosa biegnie dalej do miasteczka **San Bartolomé de Tirajana** (➤ 116), usytuowanego w górnej części Barranco de Tirajana. (Kto nocuje na południowym wybrzeżu, może zakończyć w tym miejscu wycieczkę i zjechać przez Barranco de Fataga do Playa del Inglés).

Minąwszy San Bartolomé de Tirajana, droga GC65 kieruje się w stronę miejscowości **Santa Lucía** (➤ 117).

W krajobrazie dominuje Roque Bentaiga

5–6

Na rozgałęzieniu zaraz za Santa Lucią należy skręcić w lewo, w kierunku Las Palmas i Agüimes. Droga najpierw wspina się przez księżycowy krajobraz; by po ośmiokilometrowym odcinku dotrzeć do wsi **Temisas** – skupiska białych domków przyklejonych do stromej ściany wąwozu i otoczonych gajami oliwnymi. W miarę zbliżania się do **Agüimes** (➤ 140) pojawia się coraz więcej zieleni, głównie drzewek oliwnych i kaktusów.

Z Temisas, otoczonej skalistym krajobrazem wioski z białymi domami, pochodzą najlepsze oliwki na Gran Canarii

Po prawej: W Barranco de Guayadeque potomkowie Guanczów do dziś mieszkają w jaskiniach, które niewiele się zmieniły od czasów sprzed najazdu Hiszpanów

6–7

Na skrzyżowaniu trzeba zjechać w lewo, by dotrzeć do Agüimes, a potem jeszcze raz w lewo, jeśli chce się ominąć miasteczko. Droga przecina **Barranco de Guayadeque** (➤ 126). Z przeciwległego brzegu wąwozu wspaniale widać zabudowania Agüimes. Następna miejscowość to rzemieślnicze **Ingenio**. Na światłach powinno się skręcić w prawo, w jednokierunkową drogę wiodącą do ronda z zabytkową tłocznią do produkcji cukru (miasteczko chlubi się bowiem długą historią tego przemysłu). Do centrum prowadzi pod górę ostatni wyjazd z ronda.

7–8

Na skrzyżowaniu należy skręcić w prawo, na szosę GC100 biegnącą w kierunku Telde. Droga prowadzi przez północne przedmieścia **Las Mejias**

Chwila relaksu

Na obiad można się zatrzymać w restauracji ***Yolanda*** w Cruz de Tejeda (➤ 119), ***El Refugio*** (➤ 43) lub ***Hao*** w Santa Lucíi (➤ 119).

(gdzie można zwiedzić muzeum rękodzieła ➤ 128), a następnie skalisty płaskowyż z widokiem na lotnisko Gando, po czym schodzi do **Telde** (➤ 95). Na tamtejszej obwodnicy trzeba pojechać w prawo, by wrócić autostradą do **Las Palmas** (są drogowskazy).

5 DOOKOŁA WYSPY

Wycieczka samochodowa

DŁUGOŚĆ TRASY 190 km
CZAS 1 dzień
POCZĄTEK I KONIEC TRASY Puerto de Mogán 178 B2

Całodniowa wyprawa samochodowa, najpierw brzegiem morza, a potem do urodzajnej doliny w głębi wyspy. Trasa wydaje się bardzo długa, ale dzięki autostradom na północy i wschodzie pokonanie całego odcinka jest jak najbardziej możliwe. Po drodze można poznać wszystkie oblicza Gran Canarii – od megakurortów i wiosek rybackich po plantacje bananów i niezwykle malowniczy odcinek nadmorskiej drogi poprowadzonej wysoko wzdłuż skalnego urwiska.

1–2

Z **Puerto de Mogán** (➤ 138) jedzie się doliną w kierunku Mogán, by po mniej więcej kilometrze skręcić w prawo na nadmorską GC500 do Las Palmas. Od tego miejsca aż do Puerto Rico droga prowadzi klifami obok kolejnych zatok w mniejszym lub większym stopniu okupowanych przez wczasowiczów.

Zaraz za plażą w **Playa de los Amadores** (➤ 143) zza zakrętu wyłaniają się wyjątkowo efektowne apartamentowce w **Puerto Rico** (➤ 142), zbudowane na stromych zboczach góry.

2–3

Dalsza trasa prowadzi nadmorską drogą do **Arguineguín** (➤ 141). Zaraz za tą miejscowością powinno się skręcić w prawo, by nie zjechać z GC500. Na rondzie na wysokości dużej plantacji bananów znów trzeba się skierować w prawo, po czym wspiąć na cypel powyżej cementowni. Od tego miejsca do Maspalomas ciągną się jedna za drugą nieduże plaże i zatoczki. W tygodniu zwykle nie ma tu zbyt wielu turystów, nietrudno więc znaleźć całą plażę dla siebie.

Wszystko to może się zmienić, ponieważ w tym rejonie wybrzeża, między Maspalomas a Mogán, planuje się wkrótce budowę nowych dróg, pól golfowych i kompleksów wczasowych. Ustronna w tej chwili przystań jachtów w **Pasito Blanco** ma zostać połączona nadmorską promenadą z Maspalomas i wydmami.

Puerto Rico przyciąga wielu amatorów żeglarstwa i wędkowania na pełnym morzu

3–4

Niedaleko za **Las Meloneras** droga wychodzi na wzgórze, a w dole pojawia się konurbacja Playa del Inglés i Maspalomas. W dzień po prawej stronie widać **Dunas de Maspalomas** (➤ 132), w nocy zaś lśnią światła **Playa del**

Wiatraki w Pozo Izquierdo

Inglés (► 129). Szosa GC500 biegnie obrzeżami Playa del Inglés do sąsiedniego kurortu **San Agustín** (► 130).

4–5

Dalej droga ponownie zbliża się do samego oceanu, a następnie dociera do niczym niewyróżniającej się wioski **Juan Grande**, skąd pochodzi rodzina Vega Grande, bardzo zasłużona dla rozwoju turystyki na południowym wybrzeżu (hrabia Alejandro del Castillo wybudował pierwsze hotele). Za wsią, na wysokości usytuowanych po prawej stronie wiatraków w **Pozo Izquierdo** należy zjechać z GC500 na autostradę GC1 do Las Palmas.

5–6

Droga szybkiego ruchu mija zakłady przemysłowe, kompleksy handlowe i lotnisko Gando, a za **Telde** ponownie skręca w kierunku wybrzeża. Za zakrętem pojawia się **Playa de la Laja**. W tym miejscu zaczynają się też południowe przedmieścia Las Palmas.

W mieście autostrada przechodzi w Avenida Marítima, sąsiadującą z promenadą nad samym brzegiem morza, popularną wśród spacerowiczów i rowerzystów. Za klubem żeglarskim trzeba się kierować według drogowskazów na Agaete, a następnie przejechać przez tunel.

6–7

Po drugiej stronie tunelu zaczyna się autostrada GC2, główna arteria komunikacyjna północnego wybrzeża. Po prawej, za kompleksem handlowym Las Arenas, usytuowanym przy końcu **Playa de las Canteras** (► 70), można dostrzec **Auditorio Alfredo Kraus** (► 70). Dalej droga prowadzi przez kilka nadmorskich wiosek.

7–8

Za **El Pagador**, skupiskiem białych domków na skalistej mierzei, szosa wspina się stromo w kierunku **Puente da Silva**, potężnego mostu nad wąwozem. Po kilku kolejnych mostach i tunelach pojawia się wulkaniczna piramida w **Gáldarze** (► 98). GC2 zdąża dalej do **Agaete** (► 92). Kiedy autostrada się skończy, należy skręcić w prawo, na **Puerto de las Nieves** (► 93), gdzie można się zatrzymać na obiad w jakiejś restauracji serwującej owoce morza.

8–9

Z Puerto de las Nieves trzeba się wrócić kawałek w kierunku Agaete, po czym zjechać w prawo, na **San Nicolás de Tolentino** (► 144). Choć ten odcinek drogi liczy zaledwie 34 km, wydaje się znacznie dłuższy, a na jego pokonanie trzeba przeznaczyć co najmniej godzinę. Lepiej też sprawdzić zapas paliwa w baku i nie wyjeżdżać przy złych

U podnóża klifów stoi Dedo de Díos

warunkach atmosferycznych (silne wiatry lub ulewa). Droga pnie się stromo, a następnie okrąża wąwóz. W dole widać wspaniałe Puerto de las Nieves i osobliwą formację skalną o nazwie **Dedo de Díos** (Palec Boży; ➤ 93). Na nagich zboczach rosną jedynie kolczaste wilczomlecze (*cardón*).

Za skalnym garbem szosa skręca w lewo, pozostawiając wąwóz w tyle. Po drugiej stronie zieje przepaść, opadająca aż do oceanu. Po pewnym czasie droga kieruje się w głąb lądu do odludnej osady **El Risco**, gdzie ogrody na dnie doliny schodzą ku pięknej, ustronnej plaży.

9–10

Jeszcze bardziej malowniczym odcinkiem jest przyklejona do nadmorskiego urwiska **Andén Verde** (➤ 93), skąd widać całe północno-zachodnie wybrzeże wyspy, a w oddali Teneryfę i wulkaniczne klify.

W miejscu gdzie droga zaczyna stopniowo opadać w kierunku równiny San Nicolás, warto się zatrzymać na wyraźnie oznakowanym parkingu obok **Mirador del Balcón**, skąd roztacza się przepiękna panorama tej części wybrzeża. Dalej szosa schodzi serpentynami do wylotu **Barranco de la Aldea**. Można tu skręcić na chwilę do **Puerto de la Aldea** (➤ 144; najdalej na zachód wysunięty punkt Wysp Kanaryjskich), by odpocząć na kamienistej plaży, obejrzeć przystań i przespacerować się promenadą.

Z portu szosa GC200 prowadzi w głąb lądu do zapylonego „pomidorowego" **San Nicolás de Tolentino**, z długą kamienistą plażą. Na horyzoncie wzrok przyciąga niezwykle urokliwa **Roque Nublo** (➤ 112), uważana za symbol Gran Canarii.

Z wyjątkowo malowniczej Andén Verde widać całe północno-zachodnie wybrzeże wyspy, a przy odrobinie szczęścia można nawet wypatrzyć wygrzewające się w słońcu delfiny

Chwila relaksu

Obiad można zjeść w restauracji ***Las Nasas*** w Puerto de las Nieves (➤ 100; specjalność owoce morza) albo w jakiejś podobnej knajpce w Puerto de la Aldea.

10–11

Dojeżdżając do San Nicolás de Tolentino, trzeba skręcić w prawo przed niedużym wiatrakiem, kierując się na **Mogán** (➤ 139). Droga wiodąca w głąb lądu jest bardzo dobra, ale kręta. W miejscowości **Tocodomán** można rozprostować nogi w przyjemnym **parku kaktusów Cactualdea** (➤ 144).

Szosa GC200 wspina się następnie w kierunku gór. Drogowskazy pokazują, w których miejscach można zjechać dolinami na odludne plaże **Tasartico**, **Tasarte** i **Veneguera** (➤ 143) na zachodnim wybrzeżu, a przydrożne kafejki zapraszają na świeży sok z papai.

Niedaleko za zjazdem na Tasarte wznosi się **Fuente de los Azulejos**, niezwykła kolorowa skała, nazwana tak, ponieważ wygląda, jakby pokryto ją portugalskimi płytkami ceramicznymi (*azulejos*). Warto wysiąść z samochodu i przyjrzeć się z bliska tej geologicznej osobliwości. Minąwszy zjazd na Veneguerę i następny, prowadzący w wysokie partie gór (trasa polecana tylko dla poszukiwaczy mocnych wrażeń!), GC200 zaczyna schodzić w kierunku miejscowości Mogán.

W Mogán trzeba przejechać przez centrum i udać się dalej urodzajną, gęsto zaludnioną doliną, by wrócić do **Puerto de Mogán**, gdzie po tak wyczerpującym i pełnym wrażeń dniu można odwiedzić którąś z kafejek w porcie i napić się czegoś zimnego.

Po męczącej jeździe najlepiej wybrać się na relaksujący spacer po przystani w Puerto de Mogán

Informator

GDZIE SZUKAĆ INFORMACJI

W Internecie

- www.pascal.onet.pl – najlepszy serwis turystyczny w Polsce (informacje praktyczne, ciekawostki, fotografie)
- Spanish Tourist Board: www.tourspain.es
- Gran Canaria Tourist Board: www.grancanaria.com
- Informacje o Gran Canarii: www.canariasonline.com
- Maspalomas Costa Canaria: www.maspalomas.web.org

PRZED WYJAZDEM

POTRZEBNE DOKUMENTY

● Wymagane
○ Zalecane
▲ Niewymagane

	Polska	Wlk. Brytania	Niemcy	USA	Australia	Irlandia	Holandia	Hiszpania
Paszport/dowód osobisty	●	●	●	●	●	●	●	▲
Wiza	▲	▲	▲	▲	▲	▲	▲	▲
Bilet powrotny lub na dalszą podróż	○	○	○	○	○	○	○	○
Szczepienia (tężec i polio)	▲	▲	▲	▲	▲	▲	▲	▲
Ubezpieczenie zdrowotne (► 174, *Zdrowie*)	●	●	●	▲	▲	●	●	▲
Ubezpieczenie na czas podróży	○	○	○	○	○	○	○	○
Prawo jazdy (krajowe)	●	●	●	●	●	●	●	●
Ubezpieczenie samochodu	●	●	●	●	●	●	●	●
Dowód rejestracyjny samochodu	●	●	●	●	●	●	●	●

KIEDY JECHAĆ

Gran Canaria

Sezon — Poza sezonem

	I	II	III	IV	V	VI	VII	VIII	IX	X	XI	XII
	Sezon	Sezon	Sezon	Sezon	Poza sezonem	Poza sezonem	Poza sezonem	Poza sezonem	Poza sezonem	Poza sezonem	Sezon	Sezon
	22°C	23°C	26°C	22°C	25°C	26°C	26°C	28°C	26°C	26°C	24°C	23°C
	Słońce/przelotne opady	Słońce	Słońce	Słońce/przelotne opady	Słońce	Słońce	Słońce	Słońce	Słońce	Słońce	Słońce/przelotne opady	Słońce/przelotne opady

Słońce — Pochmurno — Opady — Słońce/przelotne opady

Powyżej przedstawiono **średnie maksymalne temperatury dzienne** w poszczególnych miesiącach. Temperatury minimalne rzadko spadają poniżej 15°C, a przez cały rok panuje wiosenny klimat. Na południowym wybrzeżu, gdzie notuje się ponad 300 słonecznych dni w roku, słupek rtęci latem często przekracza 30°C. Woda w morzu ma od 19°C w styczniu do 24°C we wrześniu. Deszcze padają głównie na północy, w górach w centrum wyspy sporadycznie zdarza się śnieg. Na północy występują dwa zjawiska: *mar de nubes* („morze chmur") – nisko wiszące chmury przygnane przez pasaty, oraz *panza de burro* („ośli brzuch") – szara mgiełka, latem powodująca nieznośne upały. Pełnia sezonu trwa od grudnia do marca. Drugi szczyt sezonu przypada na lipiec i sierpień, kiedy na wakacje przyjeżdżają hiszpańskie rodziny. Najspokojniejsze miesiące to maj, czerwiec, wrzesień i październik.

W Polsce

- Hiszpańskie Narodowe Biuro Informacji Turystycznej (Oficina Española de Turismo), Warszawa, al. Jana Pawła II 27, ☎ 22/6536416.
- Instituto Cervantes, Oddział w Warszawie, ul. Myśliwiecka 4, ☎ 22/6225422 (zajęcia z języka hiszpańskiego na różnych poziomach)

PRZYJAZD

Samolot Hiszpańskie linie lotnicze **Iberia** latają regularnie do Las Palmas z Madrytu i Barcelony, tam zaś można bez trudu dotrzeć z każdego miejsca na świecie. Nie ma bezpośrednich rejsowych połączeń z Polski. Do Las Palmas najłatwiej dolecieć z przesiadką w Monachium lub Madrycie. Poza sezonem ceny biletów są niższe. Tańszą możliwością jest skorzystanie z bezpośrednich lotów czarterowych, szczególnie z oferty last minute. Można wykupić pakiet hotel plus przelot bądź sam przelot. Mankamentem są sztywne terminy lotów i zwykle brak możliwości zwrotu biletu czy zmiany rezerwacji.

Bilet jest zwykle datowany w obie strony i kosztuje ok. 1100 zł przed sezonem i ok. 2000 zł w miesiącach letnich. W cenę wliczona jest opłata lotniskowa. Bilety w pakiecie z hotelem (pobyt tygodniowy) w ofercie last minute mogą kosztować już od 1100 zł. Loty czarterowe można rezerwować w biurach podróży, a także u setek agentów biur podróży na terenie całego kraju. Tanie linie lotnicze nie realizują połączeń na Wyspy Kanaryjskie.

Statek Raz w tygodniu z Kadyksu w Hiszpanii pływa prom **Transmediterránea** na Gran Canarię i Teneryfę. Podróż do Las Palmas trwa ok. 50 godz.

Między wyspami Z Las Palmas latają codziennie samoloty **Binter Canarias** na Teneryfę i pozostałe Wyspy Kanaryjskie. Kursują stąd również regularnie promy do portów na Fuerteventurze, Lanzarote i Teneryfie, gdzie można złapać połączenie z pozostałymi wyspami. Kilka razy dziennie z Las Palmas wypływa ekspresowy wodolot do Santa Cruz na Teneryfie. Do tego samego portu dociera prom linii **Fred Olsen** z Puerto de las Nieves (6 dziennie; 1 godz.).

CZAS

W odróżnieniu od Hiszpanii kontynentalnej, na Wyspach Kanaryjskich obowiązuje czas Greenwich (o godzinę późniejszy niż w Polsce). Czas letni (przesunięty o godzinę) liczy się od ostatniej niedzieli marca do ostatniej niedzieli października.

WALUTA I WYMIANA PIENIĘDZY

Waluta Hiszpania jest jednym z 12 krajów Unii Europejskiej, w których 1 stycznia 2002 r. wprowadzono wspólną walutę – **euro** (€). Pesety przestały być legalnym środkiem płatniczym w czerwcu 2002 r. W obiegu są banknoty o nominałach 5, 10, 20, 50, 100, 200 i 500 euro. Nominały monet: 1, 2, 5, 10, 20 i 50 centów oraz 1 i 2 euro.

Karty kredytowe Niemal wszędzie honorowane są wszystkie popularniejsze karty, tylko w małych knajpkach czy sklepikach lepiej mieć przy sobie gotówkę.

Wymiana walut Najlepsze kursy wymiany walut i **czeków podróżnych** oferują na ogół banki, ale można też korzystać z usług kantorów, biur podróży i hoteli. Przy wymianie czeków podróżnych niezbędny jest paszport. Gotówkę można także wypłacać za pomocą karty kredytowej/płatniczej z **bankomatu**. Prowizję za tego typu operację zwykle pobiera bank, który wydał kartę.

RÓZNICE CZASU

GMT	Gran Canaria	Hiszpania kontynentalna	Warszawa	USA (Nowy Jor
12.00	12.00	13.00	13.00	7.00

NA MIEJSCU

ROZMIARY UBRAŃ

Wlk. Brytania	Reszta Europy	USA	
36	46	36	Garnitury
38	48	38	
40	50	40	
42	52	42	
44	54	44	
46	56	46	
7	41	8	Buty
7,5	42	8,5	
8,5	43	9,5	
9,5	44	10,5	
10,5	45	11,5	
11	46	12	
14,5	37	14,5	Koszule
15	38	15	
15,5	39/40	15,5	
16	41	16	
16,5	42	16,5	
17	43	17	
8	34	6	Sukienki
10	36	8	
12	38	10	
14	40	12	
16	42	14	
18	44	16	
4,5	38	6	Buty
5	38	6,5	
5,5	39	7	
6	39	7,5	
6,5	40	8	
7	41	8,5	

DNI WOLNE OD PRACY

1 stycznia	Nowy Rok
6 stycznia	Trzech Króli
19 marca	Dzień św. Józefa
Marzec/kwiecień	Wielki Piątek i Wielkanoc
1 maja	Święto Pracy
30 maja	Dzień Wysp Kanaryjskich
Maj/czerwiec	Boże Ciało
15 sierpnia	Wniebowzięcie NMP
12 października	Dzień Hiszpanii
1 listopada	Wszystkich Świętych
6 grudnia	Dzień Konstytucji
8 grudnia	Święto Niepokalanego Poczęcia NMP
25 grudnia	Boże Narodzenie

GODZINY OTWARCIA

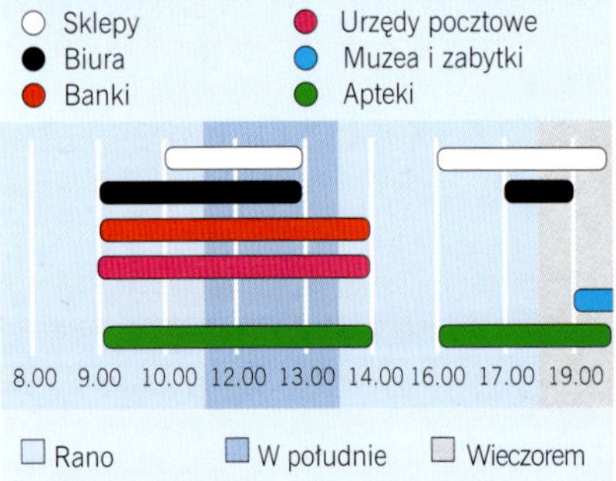

Sklepy Duże domy towarowe w Las Palmas i liczne sklepy w kurortach są otwarte przez cały dzień. Większość sklepów jest zamknięta w niedzielę.

Banki Nie pracują w niedziele.

Restauracje Wiele restauracji w większych miejscowościach wczasowych jest czynnych codz. od 10.00 do północy.

Muzea i atrakcje turystyczne Poszczególne obiekty mają bardzo różne godziny otwarcia, najczęściej 10.00–13.00 i 16.00–20.00, ale zawsze lepiej sprawdzić to wcześniej w przewodniku.

POLICJA 112

STRAŻ POŻARNA 112 LUB 928/446600 (LAS PALMAS)

POGOTOWIE 112

BEZPIECZEŃSTWO

Turyści bardzo rzadko padają ofiarą przestępstw. Najczęściej zdarzają się włamania do samochodów, zwłaszcza w Las Palmas. Warto pamiętać o kilku zasadach:

- Nie zostawiać wartościowych rzeczy w samochodzie, na plaży ani koło basenu.
- Cenne przedmioty przechowywać w hotelowych sejfach.
- Nocą lepiej unikać zaułków w rejonie portu w Las Palmas.

Policja:
☎ 112 z każdego telefonu

TELEFONY

Aparaty są niemal na każdym rogu ulicy. Większość telefonów przyjmuje monety, karty kredytowe oraz karty telefoniczne (*tarjetas telefónicas*), sprzedawane na poczcie, w kioskach i sklepach. Niższe ceny na rozmowy międzynarodowe obowiązują od 22.00 do 8.00 oraz przez całą niedzielę. Dzwoniąc za granicę, najpierw należy wybrać dwa zera, potem numer kierunkowy kraju, regionu (bez zera) i abonenta.

Międzynarodowe numery kierunkowe:
Z Polski do Las Palmas: 0034/928
Z Wysp Kanaryjskich do Polski: 0048
Poland Direct: 900990481

POCZTA

Skrzynki pocztowe są żółte. Poczta główna w Las Palmas znajduje się przy Avenida Primero de Mayo 62. Znaczki (*sellos*) można kupić na poczcie, w hotelach, kioskach i trafikach. Pocztówka do Polski dociera w ciągu mniej więcej tygodnia.

ELEKTRYCZNOŚĆ

Napięcie w sieci wynosi 220 V. Gniazdka są standardowe (takie same jak w Polsce), na wtyczki z dwoma okrągłymi bolcami, bez problemu można więc korzystać z różnych urządzeń elektrycznych.

NAPIWKI

Za niektóre usługi nie oczekuje się napiwków. Kwoty są niższe niż w innych krajach. Ogólne zasady:

Restauracja	5–10%
Kawiarnia/bar	wg uznania
Przewodnik	wg uznania
Taksówka	10%
Fryzjer	10%
Pokojówka	10%
Bagażowy	10%
Toaleta	wg uznania

KONSULATY I AMBASADY

Ambasada RP w Madrycie: ☎ 91/3736605

Konsulat RP w Barcelonie: ☎ 93/3220542

Ambasada Królestwa Hiszpanii w Warszawie ☎ 22/6224250

ZDROWIE

Ubezpieczenie Obywatele Unii Europejskiej mają prawo do bezpłatnej opieki lekarskiej na podstawie formularza E-111 (w Polsce dostępnego w oddziałach ZUS-u), niemniej wszystkim turystom zaleca się wykupienie przed wyjazdem polisy ubezpieczeniowej.

Usługi stomatologiczne Gabinety są przeważnie prywatne. Ubezpieczenie E-111 nie obejmuje prywatnego leczenia.

Pogoda Przyjeżdżając na Gran Canarię, łatwo można się poparzyć na słońcu, dlatego należy smarować skórę kremem ochronnym i pić dużo napojów bezalkoholowych. Szczególnej ochrony wymagają bawiące się nad morzem dzieci, ponieważ woda i piasek odbijają promienie słoneczne.

Lekarstwa W aptekach, oznakowanych zwykle dużym zielonym krzyżem, można dostać lekarstwa na receptę i inne farmaceutyki. Na drzwiach wisi adres najbliższej apteki dyżurnej, działającej poza zwykłymi godzinami pracy.

Woda Wodę z kranu można pić bez obaw, tyle że ma ona dużą zawartość soli. Woda mineralna jest wszędzie dostępna i tania, zwłaszcza w 5-litrowych butlach sprzedawanych w hipermarketach.

ZNIŻKI

Studenci Gran Canaria i pozostałe Wyspy Kanaryjskie nie przyciągają zbyt wielu młodych turystów z plecakami, jako że w niewielu miejscach można się spodziewać zniżek dla studentów. Na wyspie nie ma schronisk młodzieżowych i działają tylko dwa oficjalne kempingi.

Seniorzy Gran Canaria cieszy się wielką popularnością wśród osób starszych, zwłaszcza zimą. Niektóre hotele i apartamenty oferują zniżki przy dłuższym pobycie. Najatrakcyjniejsze cenowo są wczasy wykupione w biurze podróży.

OSOBY NIEPEŁNOSPRAWNE

Wiele starszych hoteli, apartamentowców i gmachów publicznych nie zostało niestety wyposażonych w udogodnienia dla osób niepełnosprawnych. Niektóre autobusy mają specjalne podjazdy dla wózków inwalidzkich. Bliższych informacji o konkretnym obiekcie wczasowym powinno udzielić biuro podróży.

DZIECI

W hotelach i restauracjach dzieci są na ogół mile widziane. W wielu obiektach przygotowano place zabaw, parki, brodziki. Osobny program zajęć zapewniają niektóre biura podróży. Rzadkością są specjalne pokoje do przewijania niemowląt.

TOALETY

Toalety publiczne są w kompleksach handlowych i na niektórych dużych plażach, a także w domach towarowych, muzeach i barach.

PRZEPISY CELNE

Wywóz wyrobów ze skór, muszli i kości rzadkich bądź zagrożonych gatunków zwierząt jest nielegalny i wymaga specjalnych zezwoleń. Warto znać przepisy celne kraju, do którego się wraca.

PODSTAWOWE ZWROTY

Tak/nie **Si/no**
Proszę (w prośbach). **Por favor.**
Dziękuję. **Gracias.**
Proszę (w odpowiedzi). **De nada.**
Cześć! **Hola!**
Do widzenia! **Adiós!**
Dzień dobry (rano)! **Buenos dias!**
Dzień dobry (po południu)! **Buenas tardes!**
Dobranoc! **Buenas noches!**
Jak leci? **¿Qué tal?**
Ile to kosztuje? **¿Cuánto vale?**
Przepraszam. **Lo siento.**
Przepraszam... (zaczepiając kogoś) **Perdone...**
Chciałbym... **Me gustaría...**
Otwarte **Abierto**
Zamknięte **Cerrado**

Dziś **Hoy**
Jutro **Mañana**
Wczoraj **Ayer**
Poniedziałek **Lunes**
Wtorek **Martes**
Środa **Miércoles**
Czwartek **Jueves**
Piątek **Viernes**
Sobota **Sábado**
Niedziela **Domingo**

PYTANIE O DROGĘ

Zabłądziłem. **Me he perdido.**
Gdzie jest...? **¿Dónde está?**
Jak się dostać do...? **¿Cómo se va...?**
bank **al banco**
poczta **a la oficina de correos**
dworzec autobusowy **a la estación de trenes**
Gdzie są toalety? **¿Dónde están los servicios?**
w lewo **a la izquierda**
w prawo **a la derecha**
prosto **todo recto**
na rogu **en la esquina**
na światłach **en el semáforo**
na skrzyżowaniu **en la intersección**

KŁOPOTY

Na pomoc! **¡Socorro! / ¡Ayuda!**
Możesz mi pomóc? **¿Podría ayudarme, por favor?**
Czy mówisz po angielsku? **¿Habla inglés?**
Nie rozumiem. **No comprendo.**
Nie mówię po hiszpańsku. **No hablo español.**
Czy możesz wezwać lekarza? **¿Podría llamar a un médico, por favor?**

NOCLEG

Czy dostanę pokój jedno-/dwuosobowy? **¿Le queda alguna habitación individual/doble?**
z wanną/bez wanny/z ubikacją/prysznicem **con/sin baño propio/lavabo propio/ducha propia**
Czy w cenę jest wliczone śniadanie? **¿Incluye desayuno?**
Czy mogę zobaczyć pokój? **¿Puedo ver la habitación?**
Wezmę ten pokój. **Me quedo con esta habitación.**
Proszę klucz do pokoju nr... **La llave de la habitación..., por favor.**
Dziękuję za gościnność. **Muchas gracias por la hospitalidad.**

LICZEBNIKI

1	**uno**	11	**once**	21	**veintiuno**	200	**doscientos**
2	**dos**	12	**doce**	22	**veintidós**	300	**trescientos**
3	**tres**	13	**trece**	30	**treinta**	400	**cuatrocientos**
4	**cuatro**	14	**catorce**	40	**cuarenta**	500	**quinientos**
5	**cinco**	15	**quince**	50	**cincuenta**	600	**seiscientos**
6	**seis**	16	**dieciséis**	60	**sesenta**	700	**setecientos**
7	**siete**	17	**diecisiete**	70	**setenta**	800	**ochocientos**
8	**ocho**	18	**dieciocho**	80	**ochenta**	900	**novecientos**
9	**nueve**	19	**diecinueve**	90	**noventa**	1000	**mil**
10	**diez**	20	**veinte**	100	**cien**		

RESTAURACJA

Czy mogę zarezerwować stolik?
¿Me gustaría reservar una mesa?
Czy mogę prosić o stolik dla dwóch osób?
¿Tienen una mesa para dos personas, por favor?
Możemy prosić o menu?
¿Nos podría traer la carta, por favor?
Proszę rachunek.
¿La cuenta, por favor?
Obsługa wliczona w cenę.
Servicio incluido.

śniadanie **el desayuno**
obiad/lancz **el almuerzo**
kolacja **la cena**
stół **una mesa**
kelner/kelnerka **camarero/camarera**
zakąski **los entremeses**
danie główne **el plato principal**
desery **postres**
danie dnia **plato del día**
rachunek **la cuenta**

SŁOWNICZEK KULINARNY

aceituna oliwa
ajo czosnek
alcachofa karczochy
almejas małże
almendras migdały
anguila węgorz
arroz ryż
atún/bonito tuńczyk

bacalao dorsz
berenjena bakłażan
biftec stek
bocadillo kanapka
boquerones sardele

calamares kalmary
caldo rosół
callos flaczki
cangrejo krab
cebolla cebula
cerdo wieprzowina
cerezas wiśnie
cerveza piwo
champiñones grzyby
chorizo pikantny sos
chuleta kotlet
churros warzywa, owoce lub mięso smażone w cieście
ciruela śliwka
cochinillo asado pieczone prosię
codorniz przepiórka
conejo królik
cordero jagnię
crema śmietana
criadillas grasica
crudo surowy

endibia cykoria
ensalada (mixta) sałatka warzywna
ensaladilla rusa sałatka rosyjska
espárragos szparagi
espinaca szpinak

fideos kluski
filete filet
flan karmel
frambuesa malina
fresa truskawka
fruta (de temporade) owoce sezonowe

galleta herbatnik
gambas krewetki (duże)
garbanzos ciecierzyca
gazpacho andaluz chłodnik
grosellas porzeczki
guisantes groch

habas bób
helado lody
hígado de oca gęsia wątróbka
huevos fritos/revueltos jajka sadzone/jajecznica

jamón szynka
judías verdes fasola
jugo sok owocowy

langosta homar
langostino rak
leche mleko
lechuga sałata
legumbres warzywa
lengua ozorek
lenguado sola
liebre zając
lomo de cerdo polędwica wieprzowa

manzana jabłko
mariscos owoce morza
mejillones omułki
melocotón brzoskwinia
melón melon
merluza morszczuk
mero okoń morski
morcilla kaszanka

pan chleb
pato kaczka
pepino ogórek
pepinillos korniszony
pera gruszka
perdiz kuropatwa
perejil zielona pietruszka
pez espada miecznik
pescado ryba
pimientos papryka
piña ananas
plátano banan
pollo kurczak
puerro por
pulpo ośmiornica

queso ser

rape żabnica
riñones nerki
rodaballo turbot

salchicha kiełbaska
salchichón salami
salmón łosoś
salmonete barwena
solomillo de buey polędwica wołowa
sopa zupa

tocino boczek
tortilla española hiszpański omlet
tortilla francesa zwykły omlet
trucha pstrąg

verduras zielone warzywa

zanahorias marchewka

Atlas

Obszary odpowiadające poszczególnym rozdziałom przewodnika zostały zaznaczone na wewnętrznych stronach okładki

Mapy regionów

- Główne trasy
- Autostrady
- Główne drogi
- Pozostałe drogi
- Lotniska
- Duże miasta
- Pozostałe miasta
- Wioski
- Atrakcje turystyczne
- Interesujące miejsca

Plany miast

- Ważne budynki
- Atrakcje turystyczne

A
B
C
5
4
3
2
1
Punta de Guanarteme
Bocabarranco
Punta de Sardina
Sardina
La Guancha
Iglesia de Santiago de los Caballeros
Playa de Sardina
Cueva Pintada
Gáldar
Santa Maria de Guía (Guía)
Cenobio de Valerón
Reptilandia
Cuevas de las Cruces
GC2
Puerto de las Nieves
Agaete
Valle de Agaete
Dedo de Díos
Barranco de Agaete
Los Berrazales
GC200
Playa del Risco
Pinar de Tamadaba
1444m
Pico de Tamadaba
Punta de Góngora
El Risco
Los Pinos de Gáldar
Andén Verde
Juncalillo
Mirador del Balcón
Artenara
Méson de la Silla
Cruz de Tejeda
Punta de la Aldea
Puerto de la Aldea
Barranco de la Aldea
Parralillo
GC210
Cueva del Rey
Tejeda
San Nicolás de Tolentino
Roque Bentaiga (1404m)
La Culata
Lomo del Mulato
CG60
Punta Bermejo
Tocodomán
Roque Nublo (1803m)
Ayacata
Cactualdea
Playa de Güigüi
Fuente de los Azulejos
Embalse de Cueva de las Niñas
GC60
Tasarte
GC605
Cruz Grande Pass
Tasártico
Embalse de Chira
Soria
Los Cercados
El Descojonado
Embalse de Soria
Barranquillo de San Andrés
Playa del Asno
Barranco de Veneguera
Mogán
Barranco de Mogán
Barranco de la Data
932m
Guirre
GC505
Playa de Tasarte
Cercado Espino
Punta del Cerrillo
Playa de Veneguera
Embalse de Ayagaures
Palmitos Parque
Barranco de Arguineguín
Barranco de Chamoriscán
Taurito
Playa de Mogán
Puerto de Mogán
Playa de Taurito
Tauro
Playa de Tauro
Playa de los Amadores
Puerto Rico
GC500
Playa de Puerto Rico
Aqua Sur
El Tablero
Patalavaca
Verga
El Salobre
La Playa de Arguineguín
GC1
Arguineguín
Las Meloneras
Pasito Blanco
Punta del Parchel
Playa de las Meloneras
Faro
El Oasis
0 2 4 6 8 km
0 1 2 3 4 5 miles

D
E
F
La Isleta
Las Colorados
Punta del Camello
El Pagador
Bañaderos
Playa de las Canteras
Puerto de la Luz
GC2
Cardones
Montaña de Arucas
Casa Museo Tomás Morales
Arucas
Catedral de San Juan Bautista
Tenoya
GC23
LAS PALMAS
Moya
Firgas
Los Tilos
GC300
Tamaraceite
Barranco de Tenoya
El Lasso
San Lorenzo
GC110
San Cristobal
GC42
Teror
Tafira Baja
Balcon de Zamora
Jardín Canario
Tafira Alta
GC1
Playa de la Laja
Basilica de Nuestra Señora del Pino
Valleseco
Pico de Bandama
Monte Lentiscal
Marzagán
GC42
Santa Brígida
Caldera de Bandama
Jinamar
GC21
La Atalaya
Playa de Malpaso
GC15
Iglesia de San Juan Bautista
La Estrella
Ariñez
Vega de San Mateo
Valle de San Roque
Playa de la Garita
Las Lagunetas
Telde
Melenara
Valsequillo
Playa de Salinetas
GC100
Pico de las Nieves (1949m)
Caldera de los Marteles
GC130
GC1
Cuatro Puertas
Risco Blanco
GC100
Barranco de Guayadeque
Barrio de Triana
Punta de Gando
San Bartolomé de Tirajana
Montaña de las Tierras
El Altillo
Cuevas Bermejas
Las Mejias
Aeropuerto de Gando
Santa Lucía
Temisas
Ingenio
Carrizal
Agüimes
Playa de las Cruces
GC65
Lomo de los Letreros
Lago Edén
Fataga
Barranco de Tirajana
Fortaleza Grande
GC100
Punta de la Sal
Parque de Cocodrilos
GC60
Playa del Cabrón
Cruce de Sardina
Arinaga
Arteara
Sardina
Vecindario
Barranco de Fataga
Hoya de Toledo
El Doctoral
Pozo Izquierdo
Bahía de Pozo Izquierdo
Punta Tenefe
Cañón del Aguila
Juan Grande
Mundo Aborigen
GC1
Castillo del Romeral
GC500
La Caleta
Sioux City
Bahía Feliz
Punta del Tarajalillo
San Agustín
Playa de Tarajalillo
Playa del Águila
Playa de San Agustín
Playa de las Burras
Playa del Inglés
Playa del Inglés
Maspalomas
Dunas de Maspalomas
Playa de Maspalomas
Punta de Maspalomas
5
4
3
2
1
D
E
F

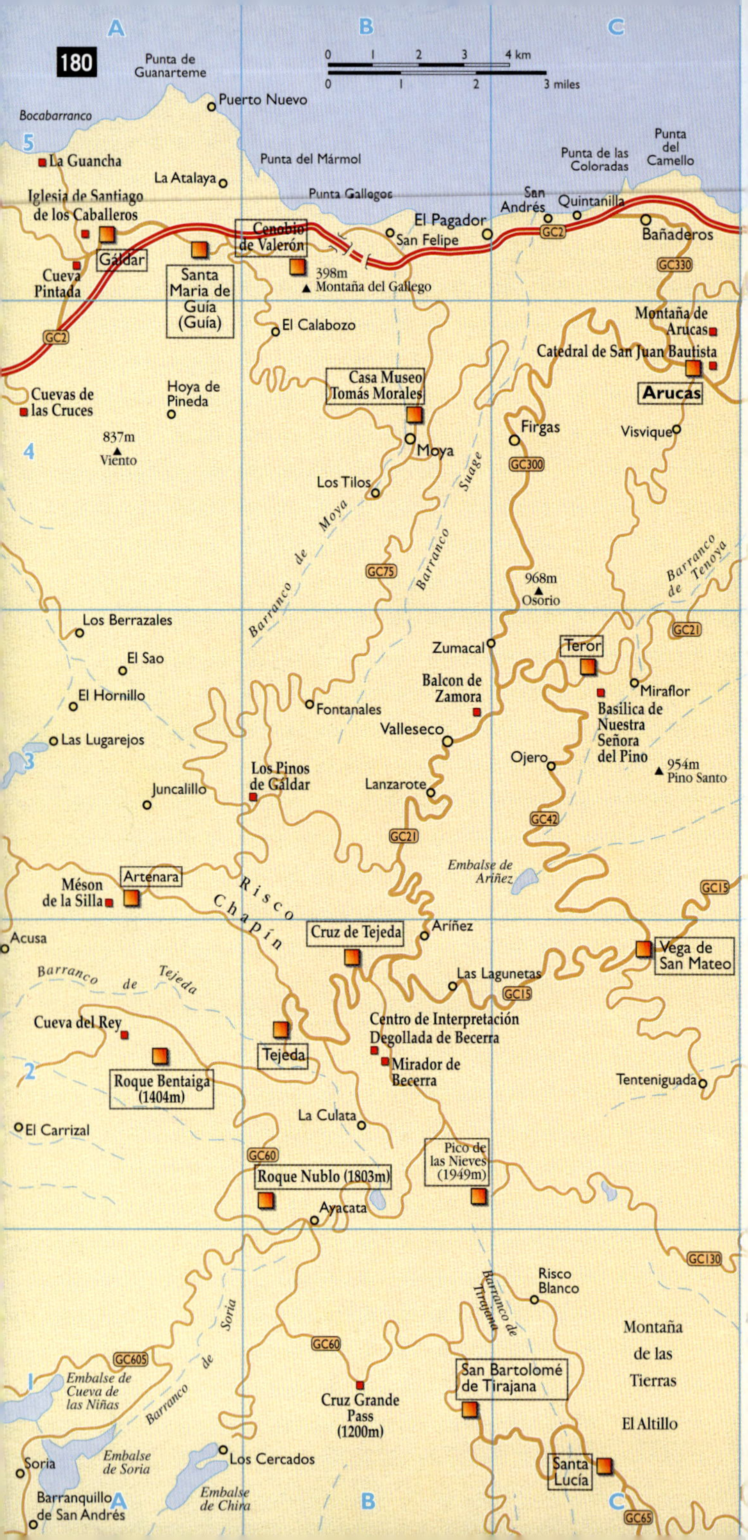
A
B
C
0 1 2 3 4 km
0 1 2 3 miles
Punta de Guanarteme
Puerto Nuevo
Bocabarranco
La Guancha
La Atalaya
Punta del Mármol
Punta Gallegos
Punta de las Coloradas
Punta del Camello
Iglesia de Santiago de los Caballeros
Gáldar
Cueva Pintada
Santa Maria de Guía (Guía)
Cenobio de Valerón
398m Montaña del Gallego
San Andrés
Quintanilla
El Pagador
San Felipe
Bañaderos
GC2
GC330
El Calabozo
Montaña de Arucas
Catedral de San Juan Bautista
Arucas
Casa Museo Tomás Morales
Cuevas de las Cruces
Hoya de Pineda
837m Viento
Moya
Firgas
Visvique
GC300
Los Tilos
Barranco de Moya
Barranco Suage
GC75
968m Osorio
Barranco de Tenoya
GC21
Los Berrazales
El Sao
El Hornillo
Las Lugarejos
Fontanales
Zumacal
Teror
Balcon de Zamora
Miraflor
Basílica de Nuestra Señora del Pino
Valleseco
Ojero
954m Pino Santo
Los Pinos de Gáldar
Juncalillo
Lanzarote
GC42
Embalse de Ariñez
Risco Chapín
Artenara
Méson de la Silla
GC15
Acusa
Cruz de Tejeda
Ariñez
Vega de San Mateo
Barranco de Tejeda
Las Lagunetas
Cueva del Rey
Tejeda
Centro de Interpretación Degollada de Becerra
Mirador de Becerra
Roque Bentaiga (1404m)
Tenteniguada
El Carrizal
La Culata
GC60
Pico de las Nieves (1949m)
Roque Nublo (1803m)
Ayacata
GC130
Risco Blanco
Barranco de Tirajana
Barranco de Soria
Montaña de las Tierras
GC605
Embalse de Cueva de las Niñas
Cruz Grande Pass (1200m)
San Bartolomé de Tirajana
El Altillo
Embalse de Soria
Soria
Los Cercados
Santa Lucía
Embalse de Chira
Barranquillo de San Andrés
GC65
5
4
3
2
1

D
E
F
Los Albarderos
La Isleta
Las Colorados
210m
Roque Negro
Montana de Vigia
Punta del Confital
5
La Isleta
Playa de las Canteras
Punta la Salina
Punta de Arucas
Puerto de la Luz
Auditorio Alfredo Kraus
GC2
Tinocas
Bahía del Confital
Cardones
Las Arenas
Casa Ayala
Playa de Alcaravaneras
LAS PALMAS
Tenoya
Altavista
Schamann
Triana
La Ballena
Vegueta
4
Tamaraceite
San Roque
San Juan
GC300
El Toscón
El Lasso
San Cristobal
Barranco de Tamaraceite
San Lorenzo
GC110
Punta Casa Blanca
Tafira Baja
Jardín Canario
Tafira Alta
GC1
Playa de la Laja
Monte Lentiscal
Punta del Palo
Barranco Guiniguada
Los Hoyos
Marzagán
3
Pico de Bandama (574m)
Playa de Jinamar
Santa Brígida
Caldera de Bandama
Jinamar
GC100
Playa de Malpaso
La Atalaya
Malpaso
Las Goteras
Cruz de Gallina
Barranco Real de Telde
La Estrella
Iglesia de San Juan Bautista
San Antonio
La Garita
Valle de San Roque
Playa de la Garita
558m
Palmas
El Calero
Playa del Hombre
GC41
Telde
Valsequillo
Los Llanos
Melenara
Barranco de San Miguel
El Caracol
2
Playa de Salinetas
Palma
Caldera de los Marteles
GC100
la
de
El Goro
Playa de la Hullera
GC1
Barranco
Cuatro Puertas
GC140
Pasadilla
GC100
Roque
Barranco de Aguatona
Barrio de Triana
Barranco de Guayadeque
Aguatona
Aeropuerto de Gando
Punta de Gando
1
Cuevas Bermejas
Bahía de Gando
Las Mejias
Ingenio
Carrizal
Temisas
Playa de Burrero
Agüimes

Las Palmas

A
B
C
5
4
3
2
1
LA ISLETA
PUERTO
ADAROMA
PERCHEL
GORDILLO
TALIARTE
FARO
PRUDENCIA
MORALES
FERRERAS JUAN REJON
Mercado del Puerto
Babiá del Confital
La Barra
Playa de las Canteras
Puerto de la Luz
SAGASTA
ALBAREDA
AVENIDA DEL NORTE
ALFREDO L JONES
LUIS MOROTE
Museo Elder
Parque Santa Catalina
CANTERAS
MILLER
TOMAS
29 DE ABRIL
NICOLAS ESTEVANEZ
PASEO DE LAS CANTERAS
BASSAS
GRAU
DR
FERNANDO GUANARTEME
MARTINEZ DE ESCOBAR
LEÓN Y CASTILLO
AVENIDA MARITIMA
SANTA CATALINA
OLOF
PALME
VIVES
GENERAL
PRESIDENTE ALVEAR
PLAZA DE ESPAÑA
AVENIDA MESA Y LÓPEZ
AV MESA Y LOPEZ
NÉSTOR DE LA TORRE
Mercado Central
GALICIA
MENÉNDEZ Y PELAYO
Club Nautico
PASEO DE CHIL
PIO XII
VALENCIA
ALEMANIA
MANUEL GONZALEZ MARTÍN
Estadio Insular
DR PONCE ARIAS
LEOPOLDO MATOS
(GC2)
JOSE ANTONIO
Playa de Alcaravaneras
H GARCIA DE LA TORRE
MAESTRO VALLE
RAFAEL RAMIREZ
0 100 200 300 400 500 metres
0 100 200 300 400 500 yards
Muelle Deportivo Marina
183
BRASIL
CIUDAD JARDIN
HIDALGO
ALEJANDRO
BEETHOVEN
Casino Las Palmas
Parque Doramas
EMILIO
Pueblo Canario
Museo Néstor

CIUDAD JARDIN
Casino Las Palmas
Parque Doramas
Pueblo Canario
Museo Néstor
Marina
182
LUGO
ARENALES
TRIANA
SAN FRANCISCO
VEGUETA
Academia Militar
Parque San Telmo
Capilla
Estación Guaguas
CIC
Calle Mayor de Triana
Casa Museo Pérez Galdós
Castillo de San Francisco
Iglesia de San Francisco
Gabinete Literario
Hotel Madrid
Teatro Pérez Galdós
Biblioteca Insular
Teatro Guiniguada
Mercado de Vegueta
Catedral de Santa Ana
Casa de Colón
Ayuntamiento
CAAM
Hospital
Museo Canario
Iglesia de Santo Domingo
Barranco Guiniguada
PASEO DE CHIL
PASEO DE SAN ANTONIO
AVENIDA MARITIMA DEL NORTE
AVENIDA MARITIMA DEL SUR
LEÓN Y CASTILLO
BRAVO MURILLO
MUELLE DE LAS PALMAS
AVENIDA RAFAEL CABRERA
AVENIDA DE 1º MAYO
CARRETERA DE MATAS
CAMINO REAL DEL CASTILLO
PASEO DE SAN JOSÉ
C811
GC1
D
E
F
5
4
3
2
1

Maspalomas

A
B
C
EL TABLERO
CARRETERA A PALMITOS PARQUE
Barranco de la Data
Barranco de Fataga
LOMO
GC1
Mercado
BOLIVAR
SIMON
CARRETERA EL TABLERO
GC500
SONNENLAND
PALMAS
Ayuntamiento
AVENIDA DE TOUROPERADOR TUI
CAMPO INTERNACIONAL
Mirador Campo de Golf
Barranco de Tabaquera
GENERAL A LAS
AVENIDA DE TOUROPERADOR TUI
Barranco de Maspalomas
Faro 2
NECKERMAN
MASPALOMAS
CARRETERA
GC500
TOUROPERADOR
Campo de Golf
AVENIDA
CARRETERA DEL FARO
LAS MELONERAS
Dunas de Maspalomas
AVENIDA DE LAS DUNAS
AVENIDA DEL OASIS
OASIS DE MASPALOMAS
Playa de las Mujeres
La Charca
Faro de Maspalomas
Oasis
0 200 400 600 metres
0 200 400 600 yards
5
4
3
2
1

D
E
F
Playa del Inglés
5
San Agustín
CARRETERA DE FATAGA
AVENIDA DE GALDAR
TIRAJANA
GC1
SAN FERNANDO
AVENIDA DE
CARRETERA GENERAL A LAS PALMAS
GC500
CANARIA
ITALIA
AVENIDA DE GRAN TENERIFE
SARGENTOS PROVISIONALES
AVENIDA DE ESPAÑA
AVENIDA DE ALFERECES PROVISIONALES
AVENIDA DE CANARIA
PASEO DE COSTA
MADRID
Parque Tropical
Playa del Cochino
Plaza de Maspalomas
Kasbah Metro
Yumbo
4
AVENIDA DE ESTADOS UNIDOS
AVENIDA DE BONN
INGLATERRA
ALEMANIA
PLAYA DEL INGLÉS
AV DE GRAN CANARIA
AVENIDA DE TIRAJANA
Cita
AV DE FRANCIA
DINAMARCA
FINLANDIA
AVENIDA
PASEO COSTA CANARIA
3
San Agustín
Sioux City (Cañon del Aguila)
GC1
2
SAN AGUSTÍN
Barranco del Toro
LOS GIRASOLES
LOS CLAVELES
CARRETERA GENERAL A LAS PALMAS
GC500
LOS PINOS
Playa del Inglés
LAS MARGARITAS
LAS ACACIAS
LOS JAZMINES
LAS RETAMAS
Playa de Morro Besudo
1
Playa de San Agustín
Faro
Playa de las Burras
D
E
F

Islas Canarias

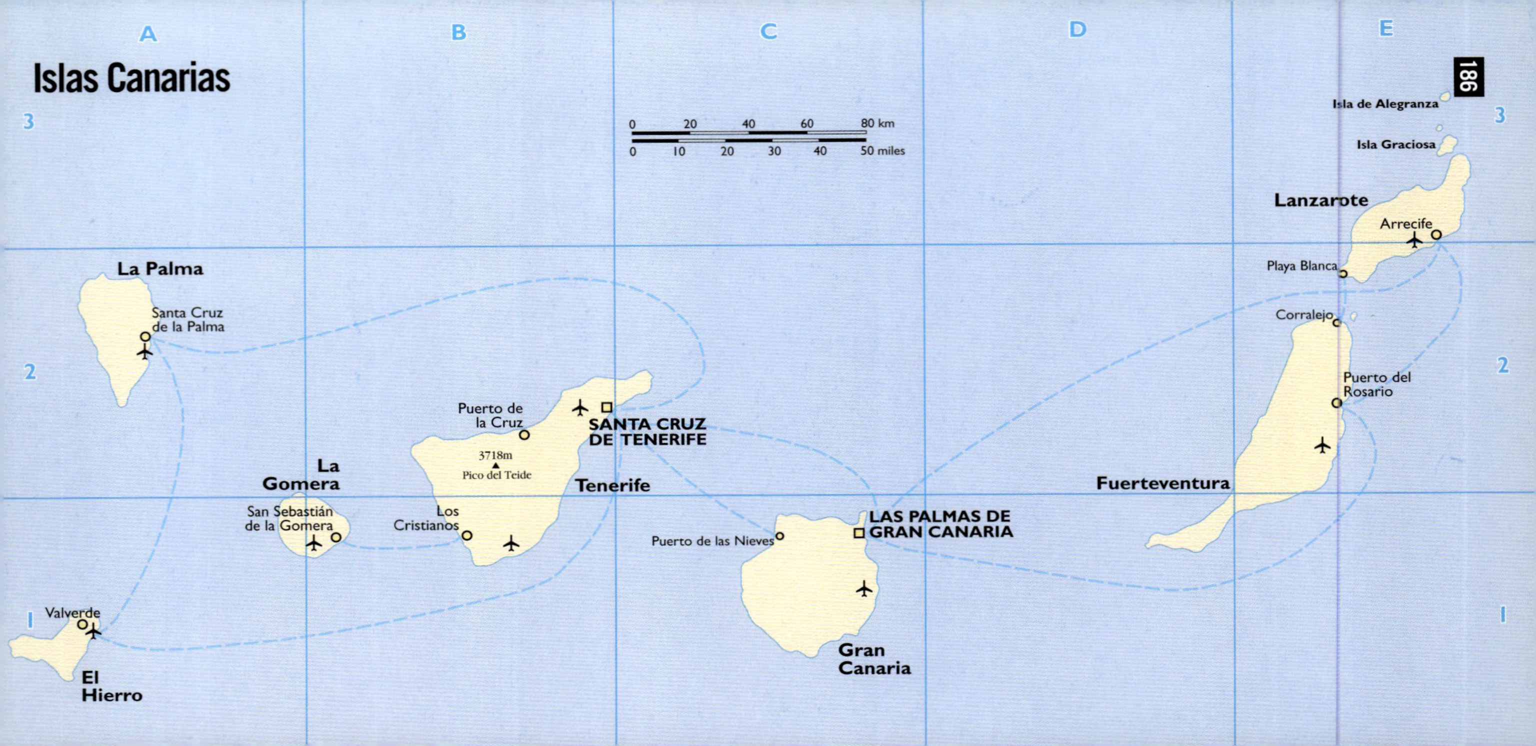

Indeks

P

R

S

T

V

Źródła ilustracji

Automobile Association pragnie podziękować za pomoc w przygotowaniu niniejszej książki następującym fotografom i bibliotekom:

Przód i tył okładki (g) AA Photo Library/Clive Sawyer; (sg) AA Photo Library/JA Tims; (sd) AA Photo Library/JA Tims; (d) AA Photo Library/JA Tims
Grzbiet AA Photo Library/JA Tims

ART DIRECTORS AND TRIP PHOTO LIBRARY 28d (A Tovy); HULTON ARCHIVE 7d, MARY EVANS PICTURE LIBRARY 7g, 64g, EYE UBIQUITOUS 82/3, JAMES DAVIS WORLDWIDE 3l, 21g, 28g, 121; PAUL MURPHY 83, 136s, PICTURES COLOUR LIBRARY 8/9, 10/11, 16d, 21d, 32, 116, 122, ROBERT HARDING PICTURE LIBRARY 109, TOPHAM PICTUREPOINT 8/9g, 26/7, THE TRAVEL LIBRARY 2IV, 3i, 20s, 77, 78 (S Black), 94, 103 (S Black), 104 (S Black), 124d (Philip Enticknapp), 134/5, 138/9, 142 (Philip Enticknapp); WORLD PICTURES 21s, 29, 30.

Pozostałe zdjęcia pochodzą z własnej biblioteki wydawcy i zostały wykonane przez Pete'a Bennetta, z wyjątkiem 2l, 2ll, 5, 12, 20d, 22g, 23d, 32/3, 33d, 35, 52, 79, 80d, 81d, 87, 92, 110, 113, 124s, 131, 137, 138, 152, 163p, 166, których autorem jest Clive Sawyer, oraz 11d, 1gt, 13d, 15, 23g, 24s, 31s, 84, 85l, 86, 90/1, 98, 106s, 106d, 108, 109/9, 117, 118, 132/3, 141, 143, 144, 158, 163l, 167, 173g, 173sl, 173sp, których autorem jest James Tims.

Umiejscowienie zdjęć: (g) góra; (d) dół; (l) po lewej; (p) po prawej; (s) w środku.